루터의 행적을 따라가는 순례 여행
처음 프로테스탄트, 루터

루터의 행적을 따라가는 순례 여행
처음 프로테스탄트, 루터

2025년 4월 15일 처음 펴냄

지은이	이동기·정도순
펴낸이	김영호
펴낸곳	도서출판 동연
등 록	제1-1383호(1992년 6월 12일)
주 소	서울시 마포구 월드컵로 163-3
전 화	02-335-2630
팩 스	02-335-2640
이메일	yh4321@gmail.com
인스타그램	instagram.com/dongyeon_press
홈페이지	dongyeonpress.modoo.at

Copyright © 이동기·정도순, 2025

이 책은 저작권법에 따라 보호받는 저작물이므로, 무단 전재와 복제를 금합니다.
잘못된 책은 바꾸어 드립니다. 책값은 뒤표지에 있습니다.

ISBN 978-89-6447-088-6 03980

루터의 행적을 따라가는 순례여행

처음 프로테스탄트, 루터

이동기 · 정도순 지음

동연

프롤로그

'처음 프로테스탄트, 루터'를 찾아서

1546년 2월 18일 새벽 2시 45분, 종교개혁자 마르틴 루터는 62세의 나이로 생을 마감한다.

　인문 도시 에르푸르트에서 법학도의 길을 걷고 있던 루터는 죽음의 공포를 느꼈던 벼락 체험을 통해 수도사가 되었다. 그 후 루터는 수도사의 세 가지 규율인 청빈, 정결, 순종을 철저하게 지켰다. 그러나 여전히 연옥에 대한 두려움, 구원에 대한 불확실함을 떨칠 수 없었던 그는 종탑에서 말씀을 연구하고 기도하던 중 거듭났다. 자신의 행위가 아닌 오직 예수 그리스도를 믿는 믿음으로 구원을 얻을 수 있음을 깨달은 루터는 죄를 사해줄 수 있다는 교황의 권한과 면벌부 등에 대한 반박문을 95개 조항으로 작성하여 1517년 10월 31일 비텐베르크 만성교회 정문에 내걸었다. 당시 교황 레오 10세는 마르틴 루터의 종교개혁을 교황의 권위에 대한 도전으로 받아들였고, 카를 5세는 이를 정치적 분열로 규정하며 역사에서 지우려 하였다. 그러나 그들의 계획은 독일 작센의 선제후 프리드리히 현공에 의해 저지되었고, 루터를 추종하는 자들은 점점 늘어나 '프로테스탄트'라는 이름으로 거듭났다. 그리고 1555년 아우크스부르크 제국의회에서 공식적으로 인정받게 되었다. 비록 루터가 로마가톨릭교회를 개혁하지는 못했지만, 하나님은 마르틴 루터를 통해 '개신교'라는 새로운 배의 돛을 올렸다.

로마가톨릭 개혁은 마르틴 루터가 처음이 아니었다

이탈리아 피렌체의 사보나롤라Girolamo Savonarola, 체코 프라하의 얀 후스Jan Hus, 영국의 존 위클리프John Wycliffe, 프랑스의 페트루스 발데즈Peter Valdes 등 많은 사람이 로마가톨릭의 개혁을 외쳤지만, 그 외침의 결과는 종교재판을 통한 파문과 죽음이었다. 루터의 종교개혁만 유일하게 성공했는데, 그 원인은 어디에 있었을까?

이 질문에 답을 찾기 위해서는 마르틴 루터의 종교개혁을 단편적으로 접근하여 관찰하기보다, 당대 신성로마제국의 정치적 상황과 교회사적 흐름을 함께 살펴보아야 한다. 이 책에서는 이러한 접근 방식으로 죽음의 위협에 굴하지 않고 끝까지 신앙을 지켰던 처음 프로테스탄트들의 발자취를 따라가 볼 것이다. 물론 지금 방문하려는 곳들은 지금 우리가 살아가고 있는 현대의 도시들이다. 그러나 도시 속 골목골목은 5백여 년 전의 모습들을 아직도 생생하게 간직하고 있다. 그렇기 때문에 현대의 도시 속에 있는 마르틴 루터와 그와 함께했던 이들의 흔적들을 찾아보면서, 마르틴 루터의 종교개혁이 오늘을 사는 우리에게 전해주는 의미를 되새겨 보고자 한다.

책의 구성은 총 7부로 구성되어 있다

먼저 1부는 전체 주제에 대한 시대적 배경인 16세기 초의 시대적 상황을 도시 프랑크푸르트를 통해 살펴본다. 이를 바탕으로 2~4부는 종교개혁의 도화선이 되었던 면벌부의 배후 도시 마인츠를 시작으로 오펜하임, 보름스, 하이델베르크, 슈파이어, 멤밍엔을 지나 프로테스탄트가 제국의회에서 공식적으로 인정받은 아우크스부르크 순으로 이어지는데, 지도상으로는 국제공항이 있는 마인츠와 프랑크푸르트를 기점으로 남쪽으로 내려가는 여정이다. 이 루트는 종교개혁이 진행되는 시대 순으로 구성하였다. 그리고 5~6부는 2~4부의 프리퀄 형태로, 마르틴 루터가 종교개혁을 시작한 그 시점 이전으로 돌아간다. 여기에서는 종교개혁의 심장이었던 비텐베르크와 루터의 생가, 마지막으로 바르트부르크를 방문하면서 루터가 '어떻게 종교개혁가로 거듭났는가'에 초점을 맞췄다. 그리고 마지막 7부에서는 1~6부까지의 여정을 되돌아보며 서론에서 던진 질문에 대한 답을 정리해 본다.

순례자의 길, 종교개혁 순례

종교개혁 순례는 특정한 장소에 가서 역사적 사건들을 발견하는 역사 탐방이 아니다. 과거 이스라엘 백성들이 하나님을 만나기 위해 예루살렘을 향한 발걸음을 이어갔던 것처럼, 순례의 길은 회개의 길이며 예수 그리스도를 발견하는 영적인 길이다. 안타깝게도 종교개혁 순례의 길을 걷는 일부 순례자들이 순례하지 않는 순례자의 모습으로 역사 탐방만 하고 돌아간다. 마르틴 루터의 종교개혁 순례가 하나님의 계획을 발견하는 영적인 순례의 길이 되기 위해 제일 중요한 것은 순례자가 역사적 발견자가 아닌 역사의 참여자가 되어야 한다. 타임워프time warp하여 5백 년 전으로 돌아가서 루터의 동역자가 되어 처음 프로테스탄트 루터와 함께 그 기나긴 여정을 고민하고 걸어가야 종교개혁 순례가 영적인 순례의 길이 될 수 있다. 하나님의 계획을 발견하는 그 영적인 순례의 길에 이 책이 좋은 길잡이가 될 수 있기를 바란다.

독일 여행의 장단점

독일은 대중교통으로 대부분의 종교개혁 장소를 다닐 수 있을 정도로 교통 인프라가 잘 구축되어 있다. 대중교통으로 순례 여행을 계획한다면 독일 철도청이 제공하는 DB Navigator나 각 지역 대중교통 앱 등이 많은 도움을 줄 것이다. 단점이라면 저녁 시간대와 휴일에는 버스나 트램 등이 많이 없다는 것이다. 대중교통 편성이 이용객들의 양에 따라 조정되기 때문에, 밤과 휴일 등에는 버스나 트램이 자주 다니지 않는다는 점을 염두에 두어야 한다.

　독일에서 대중교통과 함께 잘 정비되어 있는 것이 바로 고속도로 인프라다. 운전자의 위치도 한국과 동일하고, 도로의 폭이나 구조 등이 한국과 비슷하기 때문에 큰 무리 없이 렌트카로 운전할 수 있다. 더구나 구글 맵 또는 웨이즈 등을 사용하면 제한 속도나 도로 표지판, 교통 정보 등을 실시간 얻을 수 있기 때문에 큰 불편 없이 운전할 수 있다. 차량으로 하는 순례 여행의 더 큰 장점은 바로 시간 절약이다. 독일 모든 도시는 고속도로로 촘촘하게 연결되어 있는데, 고속도로는 통행료가 없기 때문에 도시 간 이동이 용이하고 빠르다. 무엇보다 대중교통 시간에 구애받지 않을 뿐 아니라 자주 바뀌는 날씨에 영향 받지 않고 여행할 수 있다는 것이 큰 장점이다. 이러한 이유로

본 순례 여행은 자동차로 하는 순례 여행을 기준으로 정보를 제공하려고 한다. 방문지의 주소나 특징, 기타 여행 중 중요 사항 등에 대한 정보를 각 장의 끝에 별도로 첨부하였다.

프롤로그 · 5

1장
여정의 시작, 16세기 프랑크푸르트

1. 황제 선출을 위한 콘클라베, 바돌로매제국대성당 · 19
   1) 선택의 기도실 Wahlkapelle
   2) 카를 5세 황제 선출

2. 독일 상업의 심장, 뉘른베르크 호프 Nürnberger Hof · 25
   1) 대양의 패권, 지중해에서 대서양으로
      (1) 대항해 시대의 시작
      (2) 지각 변동
   2) 상업 도시 프랑크푸르트와 야콥 헬러
      (1) 알브레히트 뒤러의 삼단 제단화

3. 마르틴 루터의 흔적, 부흐가세 Buchgasse · 36

2장
종교개혁, 그 시작과 전개

1. 제2의 로마, 마인츠 Mainz · 49
   1) 신성로마제국 서열 2위, 마인츠 대주교
   2) 제2의 베드로성당, 마인츠대성당
      (1) 또 하나의 대성당?
      (2) 제2의 베드로성당?
   3) 알브레히트 대주교의 면벌부 판매
      (1) 면벌부
   4) 미디어 혁명가, 요한네스 구텐베르크

2. 마지막 밤, 오펜하임 Oppenheim · 64
   1) 쭈어칸네여관 zur Kanne
   2) 카타리나교회 St. Catherine's church

3. 황제 앞에 선 마르틴 루터, 보름스 Worms • 67
  1) 재판정에 선 루터, 보름스 제국의회
  2) 루터의 순간, 4월 17~18일
  3) 루터 기념비

4. 신학 논쟁의 장, 하이델베르크 Heidelberg • 79
  1) 선거 협약
  2) 신학 논쟁, 어거스틴수도원

3장 우리는 프로테스탄트다

1. 신성로마제국의 중심 슈파이어 Speyer • 98
  1) 슈파이어대성당
  2) 16세기 초 신성로마제국의 정치적 상황
  3) 저항기념교회

2. 종교개혁 제2막의 시작 • 105
  1) 프리드리히 현공의 죽음과 헤센의 방백, 관대한 필립 1세
  2) 제1차 슈파이어 제국의회
     (1526년 6월 25일~8월 27일)
  3) 1529년 제 2차 슈파이어 제국의회
     (1529년 3월 15일~4월 22일)

3. 우리는 프로테스탄트다! • 116

4. 농민전쟁의 현장, 멤밍엔 Memmingen • 118
  1) 멤밍엔 종교개혁의 중심, 성마틴교회
  2) 기독교적 자유와 평등의 사회를 꿈꾼 농민들, 농민전쟁

4장
종교개혁의 완성, 아우크스부르크

1. 로마의 도시 아우크스부르크Augsburg · 133
  1) 교황 특사 추기경 카예탄과 마르틴 루터
  2) 교황 특사 추기경 카예탄의 루터 심문, 푸거 하우스

2. 아우크스부르크 신앙고백과 아우크스부르크 평화조약 · 138
  1) 아우크스부르크 제국의회와 프로테스탄트 신앙고백
  2) 프로테스탄트 연합과 황제의 평화조약
  3) 폭풍 전야
  4) 제1차 슈말칼덴 전쟁
  5) 제2차 슈말칼덴 전쟁
  6) 아우크스부르크 평화조약

5장 프리퀄 1
종교개혁의 심장, 비텐베르크

1. 프리드리히 현공의 기획 도시 비텐베르크Wittenberg · 161

2. 말씀을 통한 자유의 경험, 수도원 탑의 경험 · 167
  1) 오직 은혜로Sola gratia
  2) 오직 그리스도로Sola Christus
  3) 오직 믿음으로Sola fide
  4) 오직 말씀으로Sola scriptura

3. 종교개혁의 도화선, 만성교회All Saint's Church · 174

4. 종교개혁의 모교회, 성모마리아시립교회 Stadtkirche Wittenberg · 176
  1) 크라나흐의 종교개혁 제단화
    (1) 루터의 설교

(2) 그리스도가 함께하는 성만찬
(3) 유아세례
(4) 죄의 고백과 용서

5. 종교개혁의 지휘 본부, 검은수도원 · 191

6. 루터의 동역자 카타리나 폰 보라 · 192

6장 프리퀄 2
인간 마르틴 루터, 말씀으로 거듭나다

1. 인간 마르틴 루터, 아이제나흐Eisenach · 203

2. 오직 말씀으로! 바르트부르크Wartburg · 210
   1) 루터에게 성경은 어떤 의미였나?
   2) 바르트부르크 신약성서 번역

7장
하나님의 종교개혁

루터가 시작하고
하나님의 사람들이 함께 완성했다 · 225

에필로그 · 232
참고문헌 · 236

황제 선출을 위한 콘클라베,
제국대성당 선택의 기도실

프랑크푸르트

마틴 루터의 흔적
Buchgasse 타조의 집

독일 상업의 심장부,
뉘른베르크 호프

1장

여정의 시작, 16세기 프랑크푸르트

마르틴 루터의 종교개혁 순례 첫 출발지는 국제공항이 있는 프랑크푸르트다.

수천 년의 역사를 지나오면서 정치 1번지, 경제 1번지로 성장한 프랑크푸르트의 현주소는 유럽의 맨해튼이라는 말처럼 독일 경제의 수도로, 유럽 금융 중심지로 자리매김하고 있다. 더더욱 아메리카, 아시아, 아프리카 등을 잇는 허브 국제공항이 자리 잡고 있어 세계 무역 중심지로서의 명성을 이어가고 있다. 이 모든 것을 증명이라도 하

바돌로매성당에서 내려다 본 프랑크푸르트

듯 매일 약 35만 명이 프랑크푸르트를 중심으로 분주하게 움직이고, 도시 내 빌딩 숲들은 더욱더 높아지고 있다.

도시의 화려한 실루엣을 지나면 마치 시간 여행 속 타임워프time warp처럼 중세 도시의 모습을 그대로 복원하여 보존하고 있는 구시가지가 나온다. 여기가 프랑크푸르트의 심장이다. 프랑크푸르트시 당국은 이렇게 과거의 모습을 복원하고 보존하여 현재로 되살리고 있다. 아마도 그것이 현대의 메트로폴리탄을 만들어 낸 프랑크푸르트의 정체성이기 때문일 것이다.

20세기 초만 해도 구시가지에 주택과 상업 시설 등 약 2천 개의 건물들이 밀집해 있었다. 그러나 도시의 확장과 2차 세계대전을 지나면서 대부분의 구시가지가 철거되고 전소되었다. 전후 복구 사업으로 바울교회나 구 니콜라이교회, 괴테 생가, 뢰머 광장 등이 재건되었고, 2천 년대에 들어서면서 대관식의 길 중심으로 서른다섯 채의 새로운 목조 건물이 복원되었다.

과거의 옛 모습을 오늘의 삶 속으로 되살리려는 프랑크푸르트시의 노력은 이렇게 계속 이어지고 있다. 이것이 단지 관광객 유치를 위한 목적만이 아니라 도시의 정체성을 발굴하고 확장하여 이곳에 사는 시민들로 하여금 프랑크푸르트 사람Frankfurter이라는 자부심을 자각시켜 주고 있는 것이 아닐까 하는 생각도 든다.

프랑크푸르트의 구시가지 구석구석에는 지난 천 년 간의 역사가 그대로 묻어 있다. 근대 시대 정치 1번지였던 바울교회, 중세 황제 선출과 대관식이 거행되었던 바돌로매 제국 대성당, 역사의 증인인 시청사, 박람회 때문에 전 유럽에서 몰려 온 바이어들이 머물렀던 숙소 등 건물 하나하나, 골목 하나하나가 모두 역사의 산증인으로 그날의 일들을 지나는 이들에게 생생하게 들려준다. 미디어 혁명을 전 유럽으로 확산시켰던 도서 박람회의 현장 부흐가세Buchgasse, 황제 선출을 위한 콘클라베가 거행되었던 제국 대성당의 선택의 기도실, 16세기 신성로마제국 상업의 심장부였던 뉘른베르크 호프 등이 마르틴 루터의 종교개혁 순례자들에게 16세기 당시의 역사적 배경에 대해 다각적으로 설명해 준다.

1. 황제 선출을 위한 콘클라베, 바돌로매제국대성당

뢰머 광장 옆 골목길을 따라 들어서면 낮은 목조 건물 사이로 방문객의 고개를 하늘로 쳐들게 하는 웅장한 석조 건물 바돌로매 제국 대성당Imperial Cathedral of Saint Bartholomew과 만나게 된다. 그리스 십자가 모양으로 건축된 대성당은 7세기 메로빙거 건축부터 15세기 고딕 양식까지 각 시대 건축양식에 따라 6번 증축되었고, 1867년 대성당 화재와 2차 세계대전을 거치면서 현재의 모습을 갖게 되었다. 대성당 본당으로 들어서면 모든 벽면을 뒤덮고 있는 성화들과 조각들, 비문들뿐 아니라 한 벽면을 가득 채우고 있는 파이프오르간이나 성가대와 이어지는 화려한 제단 등이 보는 이의 시야를 사로잡는다.

1) 선택의 기도실Wahlkapelle

대성당의 화려함과는 대조적으로 제단의 오른쪽 옆에는 여느 거장의 그림 한 점 없이 꾸밈없는 작은 기도실이 나오는데, 이곳이 바로 대

바돌로매성당 선택의 기도실

성당의 심장과 같은 곳이다. 아마 이 방도 19세기 신성로마제국의 몰락과 화재를 겪으면서 구석 골방으로 전락한 것이 아닌가 한다.

'예수님의 수난'을 표현한 제단화로 장식된 단조로운 제단을 가진 이 작은 기도실에는 대성당의 수호성인인 순교자 바돌로매의 두개골이 보관되어 있다. 아르메니아에서 복음을 전하다가 순교한 바돌로매의 유물은 아르메니아에서 로마를 거쳐 12~13세기경 이곳 프랑크푸르트로 옮겨진 것으로 추정된다. 이후부터 프랑크푸르트 수도원은 바돌로매를 수호성인으로 하는 성당이 되었다. 바돌로매 유물은 오후 3시부터 1시간 동안 공개된다.

이 작은 기도실이 특별히 역사적으로 중요한 의미를 갖는 것은, 이곳에서 과거 선제후들이 모여 투표로 총 서른세 명의 황제를 선출하였기 때문이다. 그렇기 때문에 이곳을 '선택의 기도실'이라고 부르는 것이다. 신성로마제국의 특징 중 하나는 생물학적인 우연을 기대하는 '세습'을 통해 황제의 자리가 대물림되었던 것이 아니라 정치적 2인자들인 선제후들의 투표로 당대 가장 강력한 권력을 가진 후보를 황제로 선택했다는 것이다. 911년 동프랑크왕국 콘라트 1세부터 시작된 이 전통은 1356년 카를 4세가 '금인칙서'를 반포하면서 더욱 구체화되고 명문화되었다.

황제가 서거하면 황제 선거인단 단장인 마인츠 선제후 대주교는 3개월 내 선거인단을 프랑크푸르트로 소집하여 입후보한 왕들을 대상으로 투표한다. 여기에서 한 명의 황제가 결정되면 오토 대제의 전통에 따라 아헨에서 주교들의 기름 부음을 통해 황제가 된다.

당시 황제 선출은 교황을 선출하는 콘클라베와 동일한 방식으로 진행되었다. 제국대성당의 종소리와 함께 모든 행사와 의례가 시작되었는데, 선제후들이 의복을 차려입고 대성당에 입장하면 네 번의 미사가 연이어 거행된다. 그 후 선제후들은 제단에 서서하고 이곳 투표 장소로 이동한다. 이 바돌로매 대성당은 교황을 선출하는 시스티나 성당과 같은 장소였다. 선제후들이 선택의 기도실에 들어가면 빵과 물만 제공되었고 황제가 결정될 때까지 이곳은 봉쇄되었다. 물론 황제 선거는 교황을 뽑는 콘클라베처럼 오래 걸리지는 않았다. 왜냐하면 선거단도 7인으로 소수였고, 그중 의장인 마인츠 선제후 대주교가 제일 마지막에 투표하였기 때문이다.

2) 카를 5세 황제 선출

신성로마제국은 왜 이렇게 복잡한 방법으로 황제를 선출했을까?
이는 신성로마제국의 정체성과 밀접한 관련이 있다. 볼테르가 이야기했던 "신성로마제국은 신성하지도 않다"라는 비판에 약간의 변명을 덧붙이자면, 이 '신성'이라는 단어는 신성로마제국이 추구하려고 했던 정체성이라고 말할 수 있었다. 즉, 하나님의 종인 성직자가 교회를 치리하는 것처럼, 세상의 국가는 하나님의 대리자인 황제가 통치한다고 믿었다. 이것이 바로 황제가 혈연에 의한 상속이 아닌, 하

문장으로 표현된 신성로마제국 위계도

나님의 도구로 선택 받은 선제후들에 의해 교황과 동일한 방식인 콘클라베로 선출되었던 이유다. 황제 선거인단은 연이어 이뤄지는 네 번의 미사와 제단 앞 서약을 통해 거룩한 하나님의 도구로 거듭나서 하나님의 뜻에 따라 황제를 선출하게 된다. 그러므로 그들이 선출한 황제는 인간이 뽑은 황제가 아닌, 하나님이 뽑은 하나님의 대리자로서 하나님의 나라를 통치할 의무가 있다는 정당성이 부여되었다. 더 나아가 황제가 하나님이 선택한 대리자이기 때문에 신성로마제국 내 모든 하나님의 백성은 황제의 정치 행위를 하나님의 뜻으로 인정하고 복종해야 한다는 논리가 성립되었다. 물론 신성로마제국이 추구하려고 했던 정체성이 현실 정치에 그대로 반영되었다고 평가할 수는 없다. 왜냐하면 황제 선출은 금권 선거로 이어졌고, 황제는 '하나님의 대리자'라는 상징적 의미만 있었을 뿐, 여느 다른 시대의 황제나 국왕과 별반 다를 것이 없었기 때문이다. 이를 극명하게 보여주었던 선거가 바로 1519년에 있었던 카를 5세 황제의 선거였다.

막시밀리안 황제 사망 후 가장 강력한 황제 후보는 당시 독일 연방 총독이었던 작센 공국의 프리드리히 현공이었다. 오스트리아 합스부르크 왕조에서 독일 작센 왕조로 바뀔 수 있었던 순간이었다. 게다가 당시 교황 레오 10세도 프리드리히 현공을 황제로 지지하고 있었다. 그러나 전쟁을 싫어하고 가문 대대로 장수하지 못한다는 이력과 질병 등의 이유로 프리드리히 현공은 후보에서 사퇴하였다. 가장 강력한 작센의 선제후가 후보에서 사퇴하자, 막시밀리안 황제의 손자인 스페인의 카를 5세, 그의 동생 보헤미아의 페르디난트, 프랑스의 프랑수아 1세, 영국의 헨리 8세가 후보로 입후보했다. 이때 교황은 프랑수아 1세를 지지했지만, 최종적으로 카를 5세가 황제로 선출되었다.

교황의 반대에도 카를 5세는 어떻게 황제로 선출되었을까?
이 물음에 대해 두 가지 답을 찾아볼 수 있는데, 첫 번째는 당시 교황이 중앙집권적 권위를 가지고 있지 않았기 때문이다. 8세기경 마인츠의 보니파시오 대주교가 로마 교황청 중심의 행정체계를 세웠고, 11세기 그레고리 7세 교황이 황제 하인리히 4세와의 서임권 분쟁에서 카노사의 굴욕을 통해 권력의 승기를 잡았다. 그러나 여전히 교황의 힘은 프랑스나 알프스 이북까지 미치지 못했다. 당시 마인츠대성당은 10세기 말부터 종교적으로 성좌 교회, 즉 예루살렘, 안디옥, 알렉산드리아, 콘스탄티노플, 로마 등과 같이 사도직 지위를 가지는 교회로 승격되었을 뿐 아니라 정치적으로 제국 내 황제 다음의 권력을 가지고 있었기 때문에, 로마 교황청과는 독자적인 정치 활동을 펼쳤다. 게다가 오토 대제 이후부터 마인츠나 쾰른 대주교가 황제에게 기름을 부었고 황제 관을 씌웠기 때문에 교황은 여전히 여러 주교 중 한 명의 동역자 주교였다.

두 번째 이유는 바로 금권 선거다. 당시 황제 선거는 "누가 더 많은 돈과 이권을 선제후들에게 약속하느냐"가 당락을 좌우했다. 막시밀리안 1세가 죽은 후 치러진 황제 선거의 결과는 85만 굴덴이라는 천문학적 돈을 선제후들에게 약속한 카를 5세가 30만 굴덴을 베팅한 프랑스의 프란츠 1세를 누르고 황제로 선출되었다. 최종적으로 카를 5세는 황제가 되었지만, 이 막대한 선거자금이 그의 발목을 잡았다. 카를 5세는 선거자금의 약 70%를 당시 유럽의 대부호로 독일 아우크스부르크의 은행업에 진출한 야콥 푸거에게서 빌렸는데, 푸거는 이 선거자금을 빌미로 신성로마제국 내 모든 이권 사업에 관여하였고, 경제적으로 황제는 허울뿐인 황제로 전락하였다.

결국 신성로마제국은 하나님이 통치하는 신성한 국가를 만들겠다는 높은 이상과 그에 부합하는 헌법적 논리를 바탕으로 선거 시스템을 도입하여 화려하고 견고한 전통의 성벽을 쌓아갔지만, 그 현실은 부패와 부조리로 얼룩졌다. 인구 전체의 80%를 차지했던 농민들의 삶은 더욱 피폐해 갔고 이교도인 오스만 제국의 위협은 더욱더 커졌다. 게다가 제국의 정치와 행정의 도구였던 교회나 수도원들, 성직자들이 개인적 이익이나 정치적 목적을 위해 영적 권위를 악용하는 일들이 끊이지 않았다. 이러한 현실에 반기를 들고 진정한 하나님의 뜻, 영적 권위를 바로 세우려고 했던 인물이 바로 마르틴 루터였다.

그의 용기 있는 행동에 수많은 사람이 신분에 관계없이 열광했다.

2. 독일 상업의 심장, 뉘른베르크 호프 Nürnberger Hof

제국대성당에서 나와 구시가지에 들어서면 2004년부터 약 14년에 걸쳐 새롭게 조성된 구역을 만나게 된다. 구시가지는 과거 2차 세계대전 중 파괴된 후 전후 복구 과정에서 사라졌던 서른다섯 개의 건물을 복원 및 신축한 지역이다. '대관식의 길' 오른쪽 프랑크푸르트 출신의 시인 슈톨체 Friedrich Stoltze 흉상 분수대와 작은 만화 박물관을 지나 프랑크푸르트예술인조합 건물에 다

뉘른베르크 호프

르면 '뉘른베르크 호프'라는 길과 만난다. 길 이름 치곤 특이한 길이다. 이름뿐 아니라 길이라고 하기에는 너무 짧은 길이다. 이 길을 따라 트램이 지나는 큰길로 내려가다 보면 천정에 프랑크푸르트와 뉘른베르크 도시 문장으로 연결된 고딕 양식의 별 모양 천장을 발견한다. 양쪽 건물과는 전혀 관련이 없는 이 아치형 천장은 과거 16세기 독일 상업의 심장부 프랑크푸르트에서 가장 번창했던 무역 회사 뉘른베르크 호프 Nürnberger Hof의 잔해다.

중세 프랑크푸르트는 베네치아를 배경으로 성장했던 피렌체나 밀라노 등지의 도시들과 연결된 네트워크 거점 도시 뉘른베르크와 함께 제국 내 무역상들의 허브 역할을 하던 곳이었다. 이후 프랑크푸르트는 시간이 더해지면서 박람회를 통해 직물과 섬유, 향신료나 장식품 등 다양한 상품들이 거래되는 중심지로 성장했다. 16세기 초 가장 중요한 품목으로 떠오른 것은 당연히 미술품으로, 인문주의 화가 알브레히트 뒤러Albrecht Dürer의 작품들이 많이 거래되었다. 조금 더 구체적으로 들어가기에 앞서 시대가 변하면서 유럽의 상업적 지형 구도가 어떻게 변화했는지 살펴보는 것도 16세기 유럽과 프랑크푸르트, 마르틴 루터의 종교개혁을 이해하는 데 많은 도움이 된다.

1) 대양의 패권, 지중해에서 대서양으로

10세기 무렵, 강력한 해상권을 바탕으로 동서 무역을 장악하던 콘스탄티노플을 제치고 베네치아 공국이 새로운 메카로 떠올랐다. 해양 강국 베네치아는 서유럽과 비잔틴제국, 실크로드와 연결된 중동 사이의 무역로를 장악하여 막대한 부를 축적하면서 금융과 무역 중심지로 자리를 잡았다.

이 때, 약 2백 년간 지속된 십자군 전쟁이 베네치아 공국의 중계무역에 날개를 달아줬다. 33,000척의 배를 소유하고 있던 베네치아는 십자군 전쟁을 위한 운송과 보급의 최전선으로, 십자군들이 지중해를 건너는 데 중요한 역할을 하였다. 이와 관련하여 베네치아의 입장에서 더욱더 중요했던 것은 귀항선이었다. 왜냐하면 중동으로 군사 보급품을 운송한 배는 되돌아오는 길에 열대 과일이나 향신료, 비단, 유리 세공품, 귀금속 등의 사치품들을 가득 싣고 왔기 때문이다. 이 중 유럽 부유층들의 지갑을 열게 했던 품목은 후추를 비롯한 향신료다. 냉장고가 없었던 당대에 신선하지 않은 고기나 생선의 맛을 감출 수 있는 유일한 재료가 향신료였기 때문이다. 향신료 대부분은 인도에서 생산되어 비단길을 통해 중동으로 수입되었는데, 그중 후추나 사프란, 육두구nutmeg 등은 왕실과 귀족들의 선물로 인기였다. 게다가 값비싼 향신료를 물 쓰듯 하는 나라를 소개하는 마르코 폴로의

예루살렘 수복, 중세 후기 ©위키피디아

『동방견문록』이 출판되고, 왕실의 필독서가 되면서 향신료의 인기는 더욱더 높아져 갔다.

그러나 가장 큰 문제는 후추 가격이었다.
후추는 과거 로마 시대부터 사용되던 식자재였다. 싸지는 않았지만, 어느 정도 재력만 되면 일상에서 쉽게 구매하여 요리할 때 사용할 수 있을 정도로 공급이 원활한 향신료였다. 그런데 십자군 전쟁이 발발한 후 이 후추를 비롯한 향신료의 가격이 치솟기 시작하였다. 그 배경에는 '오스만 제국의 확장'이 있었다.

　　지금껏 대부분의 향신료는 실크로드와 중동을 통해 유럽으로 수입되었고, 실크로드는 중국 원나라의 보호 아래 누구에게나 열려 있는 무역로였다. 그러나 14세기 초 원나라가 힘을 잃자, 그 자리를 오스만 제국이 차지하면서 지각 변동이 일기 시작했다. 이때부터 향신료는 아랍 상인을 통해서만 구입할 수 있었고, 술탄은 세금을 더욱더 올려 이득을 취했다. 게다가 당시 교황은 십자군 전쟁의 영향으로 이슬람과의 접촉을 금지했고, 1453년 오스만 제국이 콘스탄티노플을 함락하면서 흑해로 가는 항로가 차단되자 향신료, 특히 후추 가격은 왕실 전매품이 될 정도로 하늘 높은 줄 모르고 계속 치솟았다.

　　경제적 패권이 지중해에서 대서양으로 옮겨진 결정적 이유는 '검은 죽음'으로 알려진 페스트 때문이었다. 1346년부터 약 10년간 지속되었던 페스트는 당시 2천5백만 명, 유럽 인구의 약 30~40%의 목숨을 앗아간 후 사라졌다. 그러나 완전히 사라진 것은 아니었다. 페스트는 이후에도 8~12년 주기로 산발적으로 계속 이어졌고, 1722년 프랑스 마르세유를 끝으로 사라졌다. 이렇게 오랜 시간 동안 죽음의 공포에서 시달려야 했던 유럽인들은 페스트에 대한 트라우마를 지울 수 없었다.

　　4백여 년 동안 페스트가 전 유럽을 강타했지만, 의사들은 그 원인을 찾지 못하고 오히려 사혈을 통해 오염된 피를 빼내야 한다며 환자들을 더욱더 죽음으로 몰아갔다. 사람들이 믿었던 교회나 성직자들은 페스트를 '하나님의 저주'나 '인간의 죄악' 때문이라는 말만 이어갈 뿐 별다른 희망을 주지 못했다. 이런 불안한 마음을 파고들었던 소문이 있었다. 그것은 바로 강한 향을 가지고 있는 후추가 페스트를 예방할 수 있다는 주장이었다. 후추가 있어도 되고 없어도 되는 기호 식품에서 검은 죽음의 그림자를 예방하는 의료용으로 격상(?)되었다. 이 때문에 후추의 가격은 금값을 선회하여 화폐를 대체하기도 하였다. 심지어 사람들은 직접 인도로 가서 향신료를 가져오는 상상을 하게 되었고, 이를 실행에 옮기는 탐험가들이 속출했다.

(1) 대항해 시대의 시작

이 시대 탐험가들은 동쪽과 서쪽의 갈림길에 서 있었다.
인도 항로 개척에 닻을 올린 콜럼버스는 서쪽으로 계속 가면 인도에 도착할 수 있다는 프로젝트를 당대 항해술이 가장 발달한 포르투갈과 그의 경쟁국 카스티야(현재 스페인)에 제안했다. 포르투갈의 국왕 주앙 2세는 그동안 아프리카를 항해했던 경험을 살려 동쪽으로 가는 것이 인도로 가는 가장 빠른 항로라고 생각했기 때문에 콜럼버스의 제안을 거절했다. 결국 콜럼버스는 1492년 카스티야 여왕 이사벨 1세의 지원으로 서쪽으로 뱃머리를 돌려 신대륙 아메리카를 발견했지

바스쿠 다 가마 ©위키피디아

만, 후추는 가져오지 못했다.

반대로 동쪽으로 가는 것이 인도로 가는 가장 짧은 항로라고 확신했던 포르투갈의 주앙 2세는 선대에 만들어 놓은 지중해 무역의 교두보 카나리아 제도를 바탕으로 계속 아프리카 밑으로 항해하며 희망봉을 발견한 후, 이곳에서 동쪽으로 가면 제일 빨리 인도에 갈 수 있다는 확신을 가지고 1498년 바스쿠 다 가마Vasco da Gama를 대장으로 4척의 배와 170명의 선원을 보냈다. 그로부터 2년 뒤 가마는 엄청난 향신료와 인도의 고급 면직, 귀금속 등을 가지고 리스본으로 귀항했다. 유럽 경제의 패권이 지중해에서 대서양으로 옮겨지는 첫 신호탄이었다. 이후 유럽 경제의 패권은 해상권을 제패한 포르투갈에서 스페인으로, 스페인에서 네덜란드와 영국으로 옮겨지게 된다. 바로 대항해의 시대가 시작된 것이다.

(2) 지각 변동

대항해의 시대에 펼쳐지는 인도 항로의 개척과 아메리카 대륙의 발견, 마젤란Ferdinand Magellan의 세계 일주는 해상 무역 패권의 변화와 함께 근대를 대표하는 식민 제국주의의 시작을 알렸다. 과거 로마 제국 시절 정복지에서 착취한 엄청난 자원과 부를 통해 로마가 찬란한 번영의 중심지가 되었던 것처럼, 이제 서양 열강들은 그들의 눈을 아메리카나 아프리카, 아시아로 돌려 경쟁적으로 식민지를 개척하게 된다. 이 과정에서 중세를 대표하는 두 얼굴, 보편교회(공교회)로서의 로마가톨릭과 보편 군주제 신성로마제국이 흔들리기 시작한다.

    천 년 넘게 로마 교황청은 예수 그리스도가 이 땅에 오신 이스라엘과 그 신앙을 전 세계에 전파하는 서유럽이 이 지구뿐만 아니라 우주의 중심이라고 믿었다. 이렇게 중세 기독교의 세계관은 계속해서 프톨레마이오스의 천동설을 기초로 확장되어 갔다. 그러나 신대륙 발견과 코페르니쿠스 혁명 등으로 이러한 기독교 세계관에 균열이 일어나기 시작했다. 이 전통적 기독교 세계관이 흔들릴 무렵 마르틴 루터가 95개 조항을 성문 교회[2]의 입구에 내걸며 로마가톨릭의 개혁을 부르짖었던 것이다. 더 나아가 식민지 개척 과정에서 축적된 부와 군사력은 300여 개가 넘는 왕국, 공국, 후국, 백국 등의 영방국Territorial state으로 구성된 다민족 영토 복합체 신성로마제국을 뒤흔들기 시작했다. 식민지를 통해 부를 축적한 국가들은 강력한 열강이 되었고, 그들에게 신성로마제국은 이제 불필요한 겉옷이 되어버렸다. 이렇게 신성로마제국은 균열이 일기 시작했고, 그 균열의 틈을 비집고 주권 국가들이 등장하였다.

2) 상업 도시 프랑크푸르트와 야콥 헬러

프랑크푸르트는 지형적 장점을 살려 뉘른베르크-베네치아로 이어지는 제국 내 상업 거점 도시로 성장했고, 이는 해상 무역의 패권이 지중해에서 대서양으로 옮겨진 후에도 흔들리지 않고 계속되었다. 전통적으로 뉘른베르크를 거쳐 프랑크푸르트에 소개되었던 품목들은 중동을 통해 수입된 인도의 향신료와 장식품, 면직물 등이었다. 르네상스가 시작되면서 시작된 예술 분야의 전성기는 예술인들뿐만 아니라 이를 유통하고 판매하는 중개인들을 들뜨게 하였다. 알브레히트 뒤러Albrecht Dürer와 같은 인문주의 예술가들은 당시 뉘른베르크에서 활동하였다. 그렇지만 그들의 작품이 유통된 곳은 바로 이곳 프랑크푸르트였다. 프랑크푸르트가 독일 내 상업 거점 도시에서 중심 도시로 성장할 수 있었던 계기는 마인츠 구텐베르크Johannes Gutenberg의 인쇄술 발명이었다. 이웃 도시 마인츠에서 시작된 미디어 혁명은 프랑크푸르트의 도서 박람회를 통해서 세상에 알려지기 시작했고, 사람들은 프랑크푸르트로 몰려들었다. 그러니까 결국 마인츠에서 시작된 미디어 혁명의 실질적 이득은 프랑크푸르트가 본 셈이다.

신성로마제국 카를 5세 황제는 야콥 푸거의 경제적 후원으로 황제가 될 수 있었다. 물론 그 경제적 후원에 대한 이자가 눈덩이처럼 불어나 황제의 발목을 잡았지만 말이다. 카를 5세의 할아버지인 막시밀리안 황제에게도 경제적 후원자가 있었는데, 그가 바로 이 뉘른베르크 호프의 주인 야콥 헬러Jakob Heller였다. 거상이었던 부모로부터 막대한 재산을 물려받은 헬러는 정치에 입문하여 참의원과 시장까지 지냈다. 또한 아버지로부터 물려받은 거상으로서의 자질을 바탕으로 부동산과 외식업, 무역, 예술품 중개업 등으로 많은 돈을 벌었다. 이렇게 재력과 권력 모두를 가지고 있었던 헬러는 당시 막시밀리안 황제의 정치적 자문뿐 아니라 경제적 후원자가 되었다. 1517년 황제가 이곳 뉘른베르크 호프에서 며칠을 머물 정도로 헬러와 황제는 밀접한 관계를 유지하였다.

이 시기 헬러가 가장 중점을 두었던 것은 예술 분야였다.

당시 인문주의 예술 작품은 주로 뉘른베르크에서 생산된 후 프랑크푸르트를 통해 판매되었는데, 헬러는 주로 알브레히트 뒤러나 그뤼네발트Matthias Grünewald 등의 작품을 취급하였다. 신앙이 깊었던 헬러는 1507년 자신과 부인을 위한 〈마리아 승천과 대관식〉(190×260cm)이라는 삼단 제단화를 의뢰하는데, 제단화의 기본인 삼단화는 뒤러에게, 양옆 추가 날개 네 개 그림 그뤼네발트에게 의뢰하였다. 이때 헬러가 특별히 강조했던 것은 삼단화 중 중앙 그림을 뒤러 본인이 직접 그리는 조건이었다. 2년 후 헬러는 완성된 삼단화를 눈으로 볼 수 있었다. 이 삼단화는 1614년 바이에른 막시밀리안 공작에게 매각된 후 1729년 화재로 소실되었고, 현재는 17세기 하리히Jobst Harrich의 복사본만 프랑크푸르트 역사박물관에 보관되어 있다. 그리고 그뤼네발트의 외부 추가 날개 그림은 프랑크푸르트 쉬테델미술관과 칼스루에국립미술관에서 관람할 수 있다.

(1) 알브레히트 뒤러의 삼단 제단화

삼단 제단화는 중앙 그림과 날개 부분으로 나뉘어 있다. 이렇게 날개를 별도로 첨부하였던 것은 당대의 유행이었는데, 평상시에는 날개를 접었다가 미사나 특별한 날에는 날개를 펴서 사용하는 기능적 역할을 하였다. 뒤러의 제단화 양옆 날개는 의뢰인들의 인물화나 이름과 관련된 성인들의 순교 장면이 그려져 있다.

중앙 패널은 지상과 천상이 지평선을 기준으로 나뉘어져 있다. 천상에서는 마리아의 대관식이 이루어지고 있고, 이를 바라보는 열두 명의 사도는 지상에서 저마다 다른 표정과 행동을 취하고 있어 전

헬러의 제단 삼단화 ©위키피디아

체적으로 그림은 역동적이다.

　이 중앙 그림은 뒤러가 직접 그린 것으로, 이를 위해 뒤러는 엄청난 사전 준비 작업을 하였다. 12사도의 모습을 보면 기도하는 제자, 무릎을 꿇고 있는 제자 등 서로 다른 동작을 취하고 있는데, 기초 준비 작업으로 뒤러는 열여덟 장의 기초 스케치를 하였다. 그중 〈기도하는 손〉이 대표작으로 꼽히며 많은 이들의 사랑을 받고 있다.

　재미있는 것은 이렇게 천상과 지상의 대비 속에 어울리지 않는 한 인물이 정가운데 등장한다는 것이다. 이 인물이 손을 얹고 있는 현판을 보면 AD라는 글자를 읽을 수 있는데, 이를 통해 뒤러 자신으로 추정할 수 있다. 문제는 그의 표정이다. 모든 사도는 엄숙한 분위기 속에서 감격과 경건, 존경과 경의에 찬 얼굴을 하고 있는데, 뒤러는 눈을 오른쪽으로 치켜들어 무엇인가 또는 누군가를 흘겨보고 있다. 게다가 얼굴은 무엇인가 불만을 품고 있는 듯한, 또는 무엇인가 난감해하는 표정이다.

뒤러는 자신의 표정을 통해서 무엇을 이야기했던 것일까? 뒤러의 표정은 여러 가지를 이야기하고 있는데, 그 세부적인 것은 뒤러와 의뢰자 헬러가 주고받은 아홉 통의 편지에서 흔적을 찾아볼 수 있다.

뒤러, 〈기도하는 손〉 ⓒ위키피디아

'성공'에 조급해진 삼십 대의 뒤러는 인문주의 화가를 지원하는 작센의 프리드리히 현공에게도 작품 의뢰를 받았지만, 큰 돈이 되지는 못했다. 당대 예술가의 성공을 가늠하는 척도는 얼마나 많은 작품이 프랑크푸르트에서 유통되는가였는데, 뒤러는 아직 이곳에 명함도 내밀지 못했다. 이렇게 기회를 보고 있었던 때에 그에게 희망을 준 인물이 바

삼단화 속 뒤러

로 프랑크푸르트의 거상 야콥 헬러였다. 그래서 뒤러는 헬러가 제단화를 의뢰했을 때 터무니없는 조건에도 불구하고 헬러와 계약했던 것이다. 그러나 뒤러는 이 계약을 불공정 계약이라고 생각했다. 물

론 자신의 성공을 위해서는 당대 최고 예술품 거상과의 계약이 필수였지만, 예술가의 자부심과 예술을 하나의 수공업자 장인으로 치부하였던 헬러 사이에는 커다란 간극이 존재했다. 원래 계획했던 기간보다 제작 기간이 늘어나고 재료비가 많이 들자 뒤러는 헬러에게 가격을 두 배로 올려 달라고 요구하였고, 이에 헬러는 의뢰를 취소한다고 협박하였다. 이러한 협박에 뒤러는 거의 완성된 그림을 아예 다른 사람에게 팔겠다고 위협하며 파국으로 치닫다가 결국 헬러가 가격을 올리는 조건으로 작품은 마무리되었고, 헬러는 1509년 마무리된 삼단화를 마침내 볼 수 있게 되었다. 그러나 결국 그의 최종 조건은 예술가의 자존심에 흠집을 내었고, 이에 뒤러는 소심한(?) 복수를 한 것이다.

3. 마르틴 루터의 흔적, 부흐가세 Buchgasse

중세 시대 제국의 경제적 심장이었던 프랑크푸르트 제일의 무역관 뉘른베르크 호프에서 전찻길을 따라 약 200m 정도 밑으로 내려오면 높다란 시계탑을 가진 건물을 끼고 있는 사거리와 만나게 된다. 길 이름은 '책 골목' 정도로 번역되는 '부흐가세'다. 이 시계탑 건너편 건물 외벽에는 "1521년 4월 14~15일, 마르틴 루터가 보름스제국재판에 가는 길에 이곳에서 머물렀다"라는 석판이 걸려 있다. 현재는 은행 건물이 들어서 있지만, 이곳이 과거 마르틴 루터가 보름스제국재판으로 가는 길에 하룻밤 머물렀던 여관이 있었던 장소다. 이것을 잊지 않기 위해 건물에는 이렇게 석판을 걸어 놓았고, 또 다른 건물

마르틴 루터가 숙박했음을 알리는 석조 현판

외벽에는 당시 여관의 마스코트였던 타조의 그림을 그려 놓았다.

4월 14일 일요일 저녁, 마르틴 루터는 프랑크푸르트에 도착한 후 부흐가세 모퉁이 '타조의 집Haus zum Strauss'이라는 이름을 가진 여관에 머물게 된다. 루터가 이곳에 도착한다는 소식은 프랑크푸르트를 흥분하게 하였고, 그중 루터의 95개 조항과 논문들을 읽었던 귀족들이 이곳 여관으로 몰려와 루터를 극진하게 대접하였다. 그리고 밤늦게까지 여러 가지 주제에 대해서 루터와 토론하며 종교개혁에 대한 열정을 불태웠다. 이날 밤 모든 이들이 돌아간 후 루터는 동료 슈팔라틴 목사에게 "그렇지만 그리스도는 살아 있다! 우리는 지옥의 문이 열리는, 귀족들의 무시가 난무하는 보름스로 갈 것이다. … 이제 나는 내가 앞으로 무엇을 해야 할지 확실해지기 전까지 소식을 전하지 못할 것이다"라고 한탄의 편지를 썼다. 다음 날 루터는 떠나기 전, 여관 건너편에 있었던 라틴어 학교에 들러 아이들을 격려하고 보름스로 발걸음을 옮겼다.

제국 재판에서 제국 추방령을 받고 돌아가는 길인 4월 27일 루터는 이곳에서 다시 하룻밤을 머물렀다. 이때 루터는 그의 동료인 루카스 크라나흐에게 보름스 제국의회의 재판에 관해 설명하면서, "괴롭지만 나는 이제 어딘가 숨어서 지내야 할 것 같은데 어디로 가야할지 모르겠네. … 침묵하며 괴로워하는 시간은 오래 지속되지 않을 것이네. 그리스도가 말씀하신 것처럼 '조금 있으면 너희가 나를 보지 못하겠고 또 조금 있으면 나를 보리라 하시니'(요 16:16)"라고 편지를 썼다. 그리고 며칠 후 루터는 비텐베르크로 돌아가는 길에 납치되어 바르트부르크에서 융커 요르크Junker Jörg라는 이름으로 숨어 지내게 된다.

루터는 이렇게 아주 짧게 프랑크푸르트에 머물렀다. 그러나 이 짧은 순간에도 그가 만났던 귀족들과 어린 학생들 모두는 하나님이 예비한 사람들이었다. 진리에 갈급했던 사람들이었고, 마르틴 루터는 그들의 뜨거운 마음속에 진리의 씨앗을 뿌렸다. 그가 뿌린 씨앗은 썩어 없어진 것이 아니라 후일 프랑크푸르트 종교개혁의 선봉에 서는 종교개혁가로 성장하였다.

프랑크푸르트의 종교개혁은 다른 도시와 약간 다르게 시작되었다. 보통의 종교개혁 운동은 각 지역 신학자들을 중심으로 시작되었지만, 프랑크푸르트에서는 진리를 갈망하던 평신도들이 주축이 되었다. 이들은 시의회를 장악하고 프랑크푸르트를 종교개혁 도시로 만들기를 희망하였다. 그러나 그것이 그렇게 간단했던 것은 아니었다. 왜냐하면 프랑크푸르트가 제국의 도시인 '자유 도시'였기 때문이다. '자유 도시'라는 지위는 특정한 봉건 영주가 도시를 지배하는 것이 아니라, '황제에게 속한 도시'라는 의미였다. 즉, 로마가톨릭을 포기하고 루터를 지지한다는 의미는 정치·사회적으로 볼 때 황제의 반대편에 선다는 의미였다. 이는 황제 직속의 '자유 도시' 프랑크푸르트가 수백 년 동안 쌓아온 황제 선출 도시의 전통과 신성로마제국 내 무역 중심지의 지위를 포기해야 한다는 의미이기도 했다. 이 때문에 프랑크푸르트

프랑크푸르트 부흐가세 길거리

시의회는 로마가톨릭과 루터의 종교개혁 사이에서 결정하지 못하고, 갈등과 혼란 속에서 여러 차례 논의만 거듭하였다. 이렇게 프랑크푸르트가 결정하지 못하자 마르틴 루터는 신학자를 요청한 프랑크푸르트 개신교 연합의 요구를 거절하였다. 그리고 말씀 앞에 결단하지 못하는 프랑크푸르트를 보며 마르틴 루터는 『상업 거래와 고리대금에 대하여 *Von Kaufshandlung und Wucher*』(1524)라는 책을 통해 프랑크푸르트를 독일의 돈이 외국으로 유출되는 '금과 은이 새는 구멍'이라고 비판하였다. 이러한 루터의 비난 때문인지 프랑크푸르트의 종교개혁은 느리고 더디게 진행되었다.

암흑의 시대 중세는
지구가 평평하다고 믿었을까?

프톨레마이오스의 천체, 1661 ⓒ위키피디아

프톨레마이오스가 AD 140년경 '알마게스트'에서 구체설을 주장한 이래 중세 유럽 천문학자들이나 교회는 모두 지구가 둥글다고 믿어 왔다. 황제의 권위를 상징했던 황제의 글로버스 크루거Globus cruciger(구체와 십자가)에서도 잘 나타나 있다. 이 상징물은 세상을 상징하는 둥근 구형 위에 십자가가 놓여 있는 형태로, 기독교 신앙을 바탕으로 세상을 지배하는 황제의 통치를 상징한다. 이는 지난 2017년 4억 달러에 팔리며 레오나르도 다빈치 그림 중 가장 비싼 그림으로 기록된 〈세상의 구세주Salvator mundi〉에서나 콜럼버스의 아메리카 신대륙 발견을 도왔던 마르틴 베하임Martin Behaim의 지구본 등에서도 확인할 수 있다.

"지구가 평평하다"라는 말을 만들어 낸 인물은 19세기 초 전기 작가이며 역사가, 외교관으로 활동했던 미국의 워싱턴 어빙Washington Irving이었다. 외교관으로 스페인에 있을 무렵 그는 스페인의 신대륙 정복 역사에 대한 방대한 자료를 수집하여 1828년 『콜럼버스의 생애와 항해』라는 책을 출판하였다.

문제는 그가 사실만을 바탕으로 한 콜럼버스의 전기를 쓴 것이 아니라 허구적 상상을 가미하여 전기를 완성했다는 것이다. 콜럼버스를 과학적으로 깨어 있는 선구자로 묘사하기 위해서 유럽 사람들을 미신적 사고를 하고 지구가 평평하다고 믿는 사람들도 만들었다. 그는 이 전기에서 콜럼버스가 중세 사람들이 가지고 있었던 미신적 사고의 한계를 깨고 지구 구형설을 증명한 선구자적 인물이었다고 강조했다.

프랑크푸르트 즐기기

대도시를 여행할 때 차는 주차타워에 주차한 후 돌아다니는 것이 제일 간편하다. 프랑크푸르트에서는 먼저 구시가지 지하 주차장(Domstraße 1, 60311 Frankfurt am Main)에 주차한 후 구시가지와 루터 하우스, 쇼핑몰 등을 돌아볼 수 있다.

프랑크푸르트제국대성당 Domplatz 1, 60311 Frankfurt am Main
뉘른베르크 호프 Braubachstraße 33, 60311 Frankfurt am Main
타조의 집 Bethmannstraße 7-9, 60311 Frankfurt am Main

식도락을 즐기기를 원한다면 소시지와 슈바인스학세, 슈니첼, 맥주, 애플 와인 등과 함께 구시가지 풍경이 함께 있는 작센하우젠 구시가지나 프랑크푸르트 외곽에 있는 90여 년 역사의 로르베르크 쉥케(Lohrberg-Schänke: Auf dem Lohr 9, 60389 Frankfurt am Main)를 추천한다. 또는 프랑크푸르트의 스카이라인이 한눈에 보이는 스카이라운지에서 야경과 함께 저녁 식사를 하는 것도 나쁘지 않다. 물론 이곳에서 식사가 아닌 가벼운 음료나 차를 마실 수도 있다. 다만 예약은 필수이고 고속 승강기를 이용하는 별도의 요금도 생각해야 한다(Main Tower Restaurant & Lounge: Neue Mainzer Str. 52-58, 60311 Frankfurt am Main).

이 외에도 프랑크푸르트는 여러 가지 주제로 즐길 수 있는 소재들과 장소들을 제공한다. 2차 세계대전의 이야기를 들으려는 다크 투어리즘을 기획한다면 유대인 게토와 『안네의 일기』 주인공 안네 프랑크 생가, 2차 세계 대전 당시 에나멜 공장을 운영하며 독일 패망 직전 약 천 2백여 명의 유대인의 목숨을 살린 오스카 쉰들러의 생가 등을 방문해도 좋을 것이다.

오펜하임
마인츠대성당
구텐베르크 박물관

마인츠
마인츠대성당
구텐베르크 박물관

 프랑크푸르트

보름스
보름스대성당
종교개혁 기념비

하이델베르크
하이델베르크 고성
어거스틴수도원

2장

종교개혁, 그 시작과 전개

마르틴 루터는 독일 마인츠 알브레히트 주교와 로마 교황을 향해 95가지 공개 비판을 하였다. 그 결과는 1521년 1월 3일 교회의 루터에 대한 파문으로 되돌아왔다 왜냐하면 당시 마인츠는 제2의 로마라고 불릴 정도로 알프스 이북 교회의 정점에 있었으며, 알브레히트 주교는 독일 내 최고의 권력을 누리고 있었기 때문이었다. 계속해서 그해 3월 6일 황제는 루터에게 보름스제국 재판에 출석할 것을 명하는 소환장을 발부했다. 그가 보름스제국 법정에 서게 된 직접적인 계기는 1515년부터 판매하기 시작한 알브레히트 주교의 면벌부에 대한 비판 때문이었다. 그러나 흥미로운 것은 면벌부가 이미 십자군 전쟁이 시작되던 11세기부터 판매되고 있었다는 사실이다. 그러니까 1515년 이전에도 교황청은 교회를 통해 여러 지역에서 면벌부를 판매해 왔었다. 이렇게 오랜 시간 동안 판매되던 면벌부인데, 왜 마르틴 루터는 유독 알브레히트의 면벌부를 비판하고 나섰을까? 이와 관련하여 알브레히트가 대주교로 서임 받은 마인츠를 살펴보며 루터의 비판 의지를 가늠해 보고자 한다.

계속해서 2부에서는 보름스제국 법정에 출두하는 마르틴 루터의 발자취를 뒤따라가 보려고 한다. 루터는 3월 29일 보름스제국 법정 소환장을 수령했다. 보름스까지 가는 길이 안전하지 않았기 때문에 루터는 현공 프리드리히와 상의한 후 4월 2일에 보름스로 출발했

2장 종교개혁, 그 시작과 전개 47

마인츠대성당

다. 그렇게 루터는 동료들과 함께 바이마르, 에르푸르트, 아이제나흐를 거쳐 4월 14일 일요일, 프랑크푸르트에 도착하였다. 프랑크푸르트에서 하루를 묵은 루터는 15일 월요일, 프랑크푸르트에서 약 60km 정도 떨어진 오펜하임에 도착했다. 보름스로 가는 마지막 밤이었다. 비텐베르크부터 함께했던 동료들은 보름스를 30km 남겨둔 이곳 오펜하임Oppenheim이 루터와 함께하는 마지막 밤이 될 수도 있다는 두려움에 사로잡혔다. 그래서 그들은 루터를 다시 한번 설득했다. 심지어 루터를 따랐던 제국의 기사 프란츠는 루터에게 황제 군대의 위협으로부터 보호해 줄 군사적 지원을 제안하였다. 그러나 루터는 이를 거부하고, 아무 군사적 보호 없이 화요일 오전 10시경 마침내 보름스로 입성하였다.

    2부에서 마지막으로 방문할 도시는 루터의 95개 조항에 대한 신학 논쟁이 최초 열렸던 하이델베르크다. 세계인이 사랑하는 도시 하이델베르크는 많은 전설과 중세의 모습을 간직한 구시가지 등 여러 가지 볼거리를 간직하고 있지만, 이 모든 것을 뒤로한 채 우리는 루터가 최초로 가톨릭 신학자 요한 엑크와 신학 논쟁을 하였던 어거스틴수도원을 찾아가 본다.

1. 제2의 로마, 마인츠Mainz

드루수스 스톤

프랑크푸르트에서 서쪽으로 약 40km 떨어진 곳에 위치한 마인츠는 라인강을 끼고 있어 북방 정책을 위한 로마제국 최대의 군사·행정 도시로 발전하였다. 당시 주둔했던 정규군과 지원군의 규모가 5만 명 수준으로, 아우구스투스 황제의 양아들이자 후계자였던 두루수스 장군이 최고 책임자로 있었다. 마인츠에서 발굴된 드루수스 장군의 비석이나 상수도 관개수로, 이시스 마그나 신전, 약 만 명의 관객이 들어갈 수 있는 알프스 이북 최대의 원형 극장 등이 당대 마인츠의 위용을 말해준다.

종교적으로 마인츠는 본래 그리스 아폴론 신과 견줄 수 있는 켈트족의 신 모곤Mogon을[3] 믿는 도시였다. 그 이유로 마인츠는 로마에 복속된 후 '모곤티아쿰Mogontiacum'(모곤을 믿는 도시)이라 불렸다. 이후 로마 군인들을 통해 기독교가 전파되었고, 313년 콘스탄티누스 황제의 기독교 공인 이전 많은 기독교인이 이곳 마인츠에서 순교 당했다. 그러나 이후 마인츠는 수백 명이 부활절 예배를 드리는 기독교 도시로 성장했다.

중세 마인츠는 독일과 슬라브 민족의 기독교 선교 중심지였다. 슬라브 민족 선교의 중심에는 베네딕토회 앵글로색슨족 선교사이자 초대 마인츠 주교인 보니파시오 주교가 있었다. 그는 8세기 프랑크 제국에 기독교와 수도원 운동을 일으키고자 영국에서 온 선교사로, 뛰어난 행정가적 능력을 발휘하여 로마 교황청과 유럽 교회의 행정적 체계를 만들었다. 마인츠가 기독교 교회사, 로마가톨릭 역사에서 중요한 의미를 갖는 것은 마인츠 교구가 로마나 알렉산드리아, 안티오키아 그리고 예루살렘 외에 유일하게 성좌Sancta Sedes라 불리는 주교좌가 있는 교구이기 때문이다. 이 성좌는 본래 예수로부터 직접 제자로 임명된 사도가 활동했던 지역에서 그 사도들의 권한을 이어받는다는 정통성과 주교의 권위를 상징하는 것으로, 946/947년 마인츠는 주교좌를 수여 받았다.

1) 신성로마제국 서열 2위, 마인츠 대주교

마인츠·트리어·슈파이어 대성당이 3대 제국 성당이다.
그 중 제일 오래된 성당은 트리어성당으로 313년 콘스탄티누스 대제의 기독교 공인을 전후하여 바실리카 양식의 당대 최대 대성당으로 건축되었다. 이후 계속해서 증축과 개축이 이어졌다. 트리어는 8세기 이전까지 알프스 북부 가톨릭의 중심적 역할을 했는데, 특별히 콘스탄티누스 대제의 어머니 헬레나가 이곳 트리어대성당에 예수님의 옷과 십자가의 못을 봉헌하였다.

성 보니파시오

알프스 이북의 가톨릭 헤게모니는 영국 출신 선교사 보니파시오 주교를 기점으로 트리어에서 마인츠로 이동하였다. 영국에서 독일로 파송된 그는 스스로를 선교 대주교라 칭하고 독일 전역을 돌면서 선교하고 교세를 확장하여 '독일인의 사도'라고 불린다. 정치력도 뛰어난 그는 프랑크 왕국 카를 마르텔왕의 아들인 피핀에게 세례를 주고, 왕으로 기름 부은 후 대관식을 거행할 정도였다. 보니파시오의 이러한 행적은 마인츠 주교의 전통이 되었고, 그 전통을 바탕으로 마인츠는 종교적 정치적 권력을 쌓아갔다. 마인츠는 이후 신성로마제국 내에서 가장 큰 영토를 소유하는 선제후 주교로 발전하였고, 이를 바탕으로 독일을 대표하는 대주교가 되었다. 더 나아가 마인츠대성당에 로마 교황청과 똑같은 성좌 Sancta Sedes의 이름이 부여되었다. 이 '사도의 성좌'라는 이름은 예수의 직계 제자들이 선교했던 지역에 세워진 교회에 붙여진 이름으로, 사도적 정통성을 갖는다. 지금까지 서방 교회에서는 로마 교황청을 제외하고는 마인츠 교구가 유일하다.

마인츠 대주교가 종교적으로 뿐만 아니라 정치적으로도 최고 정점을 찍은 시대는 빌리게스 대주교 시절로, 당시 빌리게스는 신성로마제국 내 서열 2위라는 막강한 권력을 가지고 있었다. 빌리게스를 통제할 수 있는 인물은 정치적으로는 황제, 종교적으로 교황밖에 없었다. 그러나 이를 달리 보면 그는 황제가 가지고 있지 않은 '사제'라는 종교적 특권, 교황이 가지고 있지 않은 '제국 서열 2위'라는 정치적 권력을 가지고 있었기 때문에, 결국 그들과 동등한 힘을 가졌다고 말할 수 있다.

마인츠 선제후 대주교의 권력은 실로 막강했다. 우선 선제후로서 마인츠 대주교는 독일 내 가장 큰 영토를 지배하고 있었다. 이곳은 특별히 종교적 관할 영역인 성좌 교구로서, 제국의 법보단 대주교의 의지와 결정이 더욱 큰 영향을 끼치는, 즉 로마와 같은 운영 방식으로 행정이 이뤄지는 곳이었다. 이러한 배경 속에서 마인츠 대주교는 독일의 수상, 제국의 대법관이 되어 제국의 2인자로서 정치적 영향력을 행사하였다. 심지어 교황 레오 8세(936~939)는 프리드리히 마인츠 대주교를 그의 대리자로 지명할 정도였다.

마인츠 대주교가 가지고 있었던 가장 큰 권력은 바로 황제를 선출할 수 있는 권한이었다. 게다가 마인츠 대주교는 황제 선거인단 단장으로 황제 선출을 위한 소집권을 가지고 있었고, 선거 시 최종 투표권을 가지고 있었다. 만약 투표에서 3:3으로 의견이 나뉠 경우 마인츠 대주교의 결정으로 황제가 선출되었다. 그뿐만 아니라 독일 왕이나 황제를 기름 부어 대관식을 거행하는 권한 또한 마인츠 대주교가 가지고 있었다. 이러한 막강한 권력을 가지고 있었던 빌리게스 대주교는 어느 날 갑자기 대성당 건축을 결정하였다.

2) 제2의 베드로성당, 마인츠대성당

2013년 여름, 마인츠대성당 바로 옆에 있는 성요한복음교회에서 바닥 난방 공사를 하던 중 놀라운 고고학적 발견이 있었다.

성요한복음교회와 마인츠대성당

기록에 의하면 이곳은 1036년부터 대학 교회로 사용되다가 1792년 나폴레옹 군대가 마인츠를 점령한 후 창고나 군사 기지로 사용되었고, 1828년부터 1903년까지는 마인츠 시내에 있었던 유일한 개신교 건물로 알려졌다. 게다가 2차 대전 중 공습으로 교회가 불탄 후 철거론까지 대두되었던 교회였다.

그런 교회에서 9세기 때 건축되었던 교회 건물의 유적이 발견되었다. 그러나 이것이 끝이 아니었다. 발굴 작업이 계속 진행되면서 7세기 이전, 예수 그리스도의 말씀이 이곳 마인츠에 처음 선포되었던 4~5세기의 모습들까지 고스란히 겹겹이 땅속에 묻혀 있었다.

2019년 6월 사람들은 하나의 석관묘가 나오자 더욱더 흥분하였다. 이 석관을 열자, 키 약 182cm, 몸무게 70kg 정도 나가는 거구의 유골이 들어있었다. 이 유골은 파란색으로 염색된 비단 사제복을 입고 있었고, 주교가 서거할 때 신는 신을 신고 있었다. 바로 천 년 전 대성당을 건축한 빌리게스 대주교의 후임 에르칸발트 대주교의 석관이었다. 이로써 확실해진 것은 이곳 성요한복음교회가 대성당의 전신인 구 대성당이었다는 사실이다.

(1) 또 하나의 대성당?

빌리게스 주교는 왜 새로운 대성당을 건축했을까
이 질문에 답을 찾기 위해서 먼저 빌리게스 대주교가 꿈꾸고 설계했던 마인츠대성당을 자세히 살펴보아야 한다. 왜냐하면 마인츠대성당 속에 그 비밀을 푸는 열쇠가 있기 때문이다.

　　마인츠대성당 건축이 언제 시작되었는지는 알려지지 않았다. 정확한 것은 빌리게스 대주교가 건축을 시작했다는 것이다. 대성당은 1차로 동쪽 입구 부분인 두 개의 종탑과 예배당이 완성되어 1009년 8

마인츠대성당

월 29일 입당 예배를 하였다. 그러나 이날 곳곳에 켜 놓은 횃불 때문에 대성당은 전소되었다. 대성당은 이로부터 27년에 걸쳐 재건축하여 1036년 11월 10일 봉헌되었다. 이후 대성당은 일곱 번의 화재를 경험하며 1875년 최종적으로 8각형의 제단 모습을 갖게 되었다. 이 과정에서 마인츠 돔은 최초의 동쪽 로마네스크 양식 종탑과 바실리카 양식의 예배당, 십자형 갈빗살 기둥의 고딕 양식, 바로크 양식의 내부 등 여러 건축 양식들이 복합적으로 조화를 이루게 되었다.

마인츠대성당의 구조를 살펴보면 여느 대성당과 다른 점이 하나 있는데, 그것은 제단의 방향이다. 보통의 성당 제단은 빛으로 오신 예수 그리스도의 부활을 상징하고 재림 예수를 기대하는 동쪽을 향하는데, 여기 마인츠대성당 제단은 서쪽을 향하고 있는 것이다. 이것이 바로 위에 던져진 질문들을 푸는 열쇠다.

마인츠대성당처럼 제단이 서쪽에 있는 대성당이 하나 있는데, 바로 로마 바티칸에 있는 베드로대성당이다. 베드로대성당은 "너는 베드로라 내가 이 반석 위에 내 교회를 세우리니"(마 16:18)라는 말씀을 이루기 위해 순교자 베드로의 무덤 위에 세워진 교회다. 콘스탄티누스의 기독교 공인 후 로마의 기독교인들은 성경의 말씀과 십자가에 거꾸로 달려 순교한 사도 베드로의 연속성을 강조하기 위해 제단을 베드로 무덤이 있는 서쪽에 두어 성전을 건축하였다. 즉, 빌리게스 대주교는 마인츠대성당을 로마 바티칸에 있는 구 베드로대성당을 모델로 설계했던 것이다. 이를 더욱더 반증하는 것이 동편 입구 쪽에 계획된 참회의 공간인 트란셉트를 위한 건물 그리고 지금은 기초의 잔해만 남아있는 회랑(아트리움)이다.

(2) 제2의 베드로성당?

마인츠는 보니파시오 주교 이후부터 왕과 황제의 대관식 권한을 가지고 있었다. 751년 피핀 3세부터 시작된 이 대관식 권한은 전통이 되어 936년 아헨에서 열렸던 오토 대제의 대관식까지 이어졌다. 문제는 쾰른 대주교가 아헨이 쾰른 교구에 속한다는 이유로 마인츠와 동등한 대관식 권리를 주장하면서부터 시작되었다. 게다가 마인츠가 가지고 있는 권력을 견제하려는 로마의 간섭이 문제를 더욱 키웠다. 결국 961년 오토 2세의 대관식은 마인츠 대주교가 아닌 브루노 쾰른 대주교에 의해 거행되었다. 이후 983년 마인츠 빌리게스 대주교가 다시 오토 3세에게 황제 관을 씌웠지만, 빌리게스의 입장에서 쾰른 대주교의 도전을 마냥 방관할 수만은 없었다. 결국 빌리게스는 새로운 전통을 만들기로 결심한다.

그 첫 번째 계획이 바로 마인츠를 '제2의 로마'로 만드는 것이었

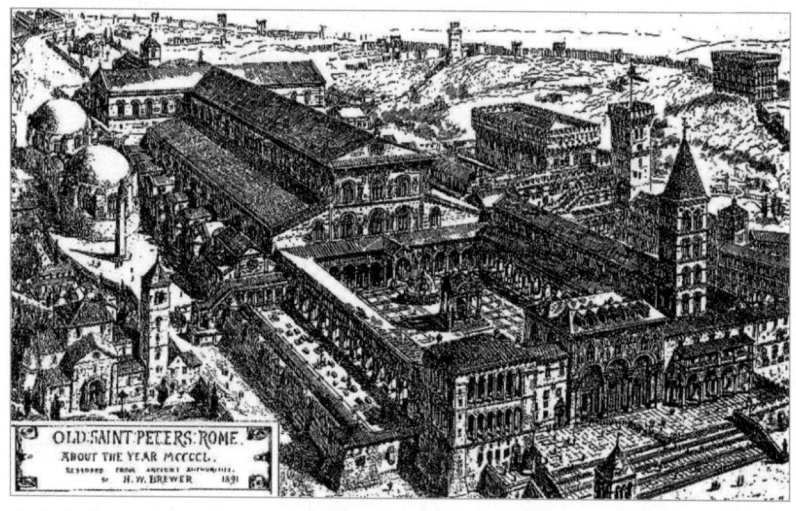

구 로마 베드로성당 ©위키피디아

다. 마인츠는 보니파치오 주교 때부터 이미 소위 알프스 이북의 로마로서 모든 교회 행정과 선교의 중심지였다. 게다가 마인츠대성당은 로마 교황청과 동등한 성좌교회로 승격되었고, 제국 내에서 서열 2위라는 확고한 정치적 영향력을 가지고 있었다. 이제 빌리게스에게 마인츠가 제2의 로마가 되기 위한 마지막 퍼즐 조각이 필요했는데, 그것이 바로 로마제국 시절부터 황제의 대관식이 이뤄

추기경 알브레히트

졌던 성베드로성당과 같은 대성당이었다. 이 로마 베드로성당의 전통을 가져오기 위해 빌리게스는 이곳 알프스 이북의 로마인 마인츠에 로마 베드로성당과 똑같은 구조의 대성당을 건축하려고 했다. 수십 년이 걸릴 제2의 베드로성당 건축에 조급함을 느낀 대주교는 먼저 1002년 하인리히 2세의 독일 왕 대관식을 아헨이 아닌 마인츠에서 거행했다. 그리고 서둘러 완성된 동편 건물에서 1009년 8월 29일 입당식을 진행했다. 문제는 이 입당식에서 비롯되었다. 입당식 당일 환하게 밝혀둔 횃불이 불씨가 되어 성당이 전소되고 만 것이었다. 이렇게 성당이 불타 사라짐과 동시에 제국 내에서 마인츠의 정치적 영향력도 점차 쇠퇴하기 시작했다. 그의 꿈은 비록 이뤄지지 않았지만, 그가 놓은 주춧돌은 시대를 거치면서 많은 사람의 희망이 되어 오늘날 천년 성당으로 자리 잡게 되었다.

3) 알브레히트 대주교의 면벌부 판매

교회는 성직자나 귀족들이 죽은 후 거쳐 간다고 믿었던 연옥의 두려움을 떨치기 위한 영혼의 안식처였다. 그래서 중세나 근대 성당들에는 수많은 무덤과 조각상이 자리 잡고 있다. 마인츠대성당도, 그 역사가 말해주듯, 수많은 대주교의 무덤들과 비문들이 거의 모든 벽면을 채우고 있다. 그중 제단 오른쪽 지하로 들어가는 입구 벽에 서 있는 비문 조각상이 바로 알브레히트 추기경이다. 그가 바로 종교개혁의 가장 직접적인 계기가 되었던 면벌부를 판매했던 인물이다.

　　브란덴부르크의 선제후 요한 키케로의 7남매 중 막내로 태어난 알브레히트는 부모의 상속이 형에게 돌아가자 1506년 성직자의 길로 들어섰다. 이후 1513년 23세의 나이로 막데부르크의 대주교와 할버슈타트의 교구장이 된 후 이듬해인 1514년 24세의 나이로 마인츠의 대주교가 된다. 당시 마인츠 대주교단은 재정적인 압박을 받고 있었는데, 강력한 브란덴부르크 선제후의 정치력을 등에 업은 알브레히트가 재정적 지원을 약속하자 그를 지지했던 것이다. 그러나 문제가 있었다. 알브레히트가 마인츠 대주교가 된 것은 당시 복수의 교구를 담임할 경우 30세 이상이어야 한다는 교회법을 위반한 것이었으나, 당시 레오 10세는 높은 대관식 비용을 그가 대신 지불하는 것으로 이를 묵인하였다. 알브레히트가 지불했던 총금액은 2만 6천 굴덴인데, 알브레히트는 이 거금을 푸거 은행에서 차용하여 지불하였다. 그러나 알브레히트 입장에서 결코 손해 보는 장사가 아니었다. 그는 이를 빌미로 교황 레오 10세로부터 8년간 마인츠, 브란덴부르크, 막데부르크 세 도시에서 면벌부 판매를 허가받았다. 이렇게 교황이 허

가해 준 총금액은 5만 굴덴인데, 그중 반은 교황청으로 들어가고, 나머지 2만 5천 굴덴은 푸거 은행에서 차용한 금액을 상환했기 때문이다. 알브레히트는 1515년 3월 31일부터 한때 마르틴 루터의 친구였던 설교자 테첼Johannes Tetzel을 기용하여 면벌부 판매를 시작하였다.

(1) 면벌부

면벌부는 이미 11세기 십자군 전쟁부터 판매되기 시작했다. 최초에는 십자군 전쟁의 참여를 독려하기 위해 시작되었다가 1476년부터는 죽은 자에 대한 면벌부 판매가 이어졌다. 알브레히트가 면벌부를 판매하기 2년 전인 1513년에도 율리우스 교황은 성베드로성당 증축에 필요한 재정을 충당하기 위해 면벌부를 판매하였다.

면벌부, 1516년 ⓒ위키피디아

독일 영주들은 면벌부에 대해서 어떻게 생각하였을까?

당시 독일 영주들도 자신들의 영토에서 판매되는 면벌부를 거부할 이유가 없었다. 왜냐하면 면벌부 판매를 통해 그들도 어느 정도 재정적인 이익을 보고 있었기 때문이다. 프리드리히 대제도 예외는 아니었다. 마르틴 루터도 가톨릭에서 판매하는 면벌부에 대해서 100% 반대한 것은 아니었다. 하지만 문제는 1515년부터 8년 동안 마인츠, 브란덴부르크, 막데부르크 세 도시에서 판매되었던 면벌부는 타인의 형벌까지 사면할 수 있다고 주장하며 판매되었다는 점이다. 테첼은 교회에서뿐만 아니라 시장과 광장에서도 헌금괴를 설교단 삼아 면벌부 설교를 하였다.

"여러분의 동전이 죄 때문에 벌받고 있는 여러분의 부모님들을 연옥에서 구해낼 수 있습니다. 동전이 궤 속에 떨어지는 소리와 함께 그들의 영혼이 연옥에서 벗어납니다."

물론 이를 악용하는 사람들도 있었다. 몇몇 강도들이 테첼의 설교를 듣고 면벌부를 구매한 후 헌금괴를 통째로 가지고 달아난 것인데, 당연히 면벌부를 샀기 때문에 헌금궤 탈취에 대한 죄로 벌을 받지 않을 것이라고 생각했다. 테첼의 면벌부가 더욱 입소문을 타며 퍼져 나갔고, 면벌부를 사려고 지역 경계를 넘어 이동하는 농민들이 많아졌다. 이는 각 관할 지역 내 인구 이동을 초래할 수 있는 사건으로, 봉건 영주의 입장에서는 달갑지 않은 현상이었다. 또한 테첼이 판매한 면벌부 수익은 오직 교황청과 푸거 은행으로 배분되어 사라졌기 때문에 봉건 영주들에게 돌아오는 재정적 이익이 하나도 없었다. 따라서 교황청과 마인츠 대주교를 향한 봉건 영주들의 불만은 점점 쌓여 갔다. 그 결과, 많은 영주들은 마르틴 루터의 주장을 지지하며 교황청의 권위에 반발하게 되었다.

4) 미디어 혁명가, 요한네스 구텐베르크

구텐베르크 인쇄기

마인츠는 새로운 활자 인쇄술로 미디어 혁명을 이끌었던 주인공 요한네스 구텐베르크Johannes Gutenberg의 출생지다. 시대의 패러다임을 바꿀 혁명적 발명을 이룬 그였지만, 실제 그의 삶은 가난과 불안, 실패와 문제의 연속이었다. 유년 시절에는 아버지가 길드 조합과의 불화로 마인츠를 떠나야 했다. 어렵게 정착한 스트라스부르크에서 그는 순례자를 위한 치유의 거울과 같은 새로운 발명품을 바탕으로 사업을 시도하였지만, 성공으로 이어지지는 못하고 오히려 법적인 논쟁에 휘말리게 되었다. 결국 무일푼으로 다시 고향 마인츠로 돌아온 그는 상인인 요한 푸스트Johann Fust로부터 돈을 빌려 훔브레히트의 호프Hof zum Humbrecht라는 인쇄소를 개업한다. 그리고 이곳에서 금속 활자와 기존 목판 인쇄술을 결합한 금속 활판 압착 인쇄술을 발명하였다. 구텐베르크가 이를 가지고 성경을 인쇄하자, 이것이 큰 부가가치를 창

출할 것으로 확신한 푸스트는 구텐베르크를 상대로 소송을 제기하여 결국 구텐베르크는 파산하고 만다. 이후 자신이 자랐던 엘트빌레 Eltvile am Rhein에 새로운 인쇄소를 열지만 재기하지는 못했다. 게다가 말년에는 실명에 이르게 되어 쓸쓸한 최후를 맞이하였다. 이렇게 구텐베르크는 구시대의 패러다임을 바꾸어 새로운 시대를 열 수 있는 혁신적인 발명을 했지만, 그의 삶은 두려움과 실패 그리고 절망의 그림자가 끊임없이 따라다녔다. 그의 역사적 발명을 진정으로 알아준 첫 번째 인물은 바로 마르틴 루터였다. 루터는 구텐베르크의 활자 인쇄술이 가지고 있는 혁명적 파급력을 파악하고 이렇게 평가했다.

"인쇄술에 대한 영향은 말로 표현할 수 없다. 인쇄술을 통해 거룩한 말씀이 사람들의 입을 통해 드러나고, 모든 언어로 널리 알려지게 되었다. 인쇄술을 통해 예술과 학문은 유지되고 확대되며 다음 세대에게 전파될 것이다. 인쇄술은 하나님이 우리에게 주신 마지막이자 동시에 가장 큰 선물이다. 왜냐하면 그것을 통해 하나님의 복음이 세상 끝까지 모든 언어로 온 세상에 전파될 것이기 때문이다. 인쇄술은 꺼져가는 세상을 밝힐 마지막 불꽃이다."

1450년경 구텐베르크가 발명한 활자 인쇄술은 발명 초 기존 인쇄술과 큰 차이를 나타내지 못했다. 왜냐하면 그의 인쇄술로 인쇄할 수 있는 책이나 문서들이 제한적이었기 때문이다. 그가 발명했던 활자 인쇄술로 인쇄한 최고의 책은 라틴어 성경인 『42행 성서』였다. 그러나 그것마저 소비층이 성직자나 귀족이었기 때문에 대중적인 확산으로 이어지진 않았다. 당시 인쇄된 출판물의 70%가 라틴어였다는 점이 이를 뒷받침한다. 또한 구텐베르크의 인쇄술을 바탕으로 시작된 프랑크푸르트 도서 박람회도 인쇄된 책을 전시하고 판매하기보다는 자신이 쓴 책이나 필사한 책을 가지고 와서 제본하고 표지를 만드는 정도였다. 이러한 상황이 역전되어 지식 혁명, 미디어 혁명으로 이어지게 된 계기는 바로 마르틴 루터의 종교개혁이었다.

　루터가 1517년 비텐베르크 만성교회 문에 못 박은 95개 조항은 2주 만에 전 유럽으로 퍼져 갔다. 마르틴 루터의 종교개혁을 기점으로 그 이전 인쇄물의 양과 비교하면 평균 6배에 달하는 폭발적인 양적 증가를 가져왔다. 가장 최고점을 찍었던 시기는 마르틴 루터가 번역한 독일어 신약성경을 라이프치히 도서 박람회에 판매한 후부터다. 1523~1524년 사이 독일어권에서 인쇄되었던 인쇄물의 양이 폭발적으로 늘어나 종교개혁 전보다 약 40배에 달하는 문서들이 인쇄되었다. 이렇게 인쇄물의 양이 늘어나면서 인쇄소들도 기하급수적으로 늘어났고, 기술의 발전을 거듭하여 양면 인쇄나 다면 인쇄, 수정 인쇄 등을 할 수 있는 기계들이 속속 등장하여, 인쇄 품질을 높였으며 속도를 단축시켰다.

　과거 성직자와 일부 지배 계급이 점유하였던 지식과 정보가 '인쇄'라는 새로운 혁명적 기술을 통해 가격이 낮아지고 대량 생산되어 일반 대중이 소비할 수 있게 된 것이다. 이것이 바로 구텐베르크의 활자 인쇄술을 미디어 혁명이라고 부르는 이유다. 이를 통해 정보의 생산과 유통, 소비 구조가 근본적으로 변화했다. 마르틴 루터가 쓴 논문과 설교, 비평들은 인쇄되어 전 유럽에 삽시간에 퍼졌고, 이를 읽은 대중들은 여론을 만들기 시작했다. 그 결과 독일 여러 지역에서

구텐베르크 흉상

종교개혁을 향한 뜨거운 외침이 울려 퍼지게 되었다. 과거 정치적 토론이 폐쇄적인 일부 귀족과 성직자에 한정된 것이었다면, 이제 종교개혁에 대한 주제는 독일 내 모든 이가 함께 공유하고 참여하는 공개적인 논쟁으로 확대되었다. 그렇게 종교개혁은 마르틴 루터의 종교개혁이 아닌 모든 이의 종교개혁, 독일어로 된 말씀과 그 말씀을 바탕으로 선포되는 루터의 설교를 읽으며 뜨거운 가슴을 움켜잡았던 모든 이의 종교개혁으로 변화되고 있었던 것이다.

2. 마지막 밤, 오펜하임 Oppenheim

마르틴 루터는 4월 14일 일요일 저녁, 프랑크푸르트 '타조의 집'에서 하룻밤을 묵고 보름스로 마차를 몰았다. 보름스로 가는 길 마지막 경유지는 라인강 옆 산기슭에 자리 잡은 오펜하임이었다. 프랑크푸르트에서와 같이 루터는 이곳 오펜하임에서도 보름스로 가는 길인 15일 월요일과 제국 재판 후 다시 26일 목요일에 '쭈어칸네 zur Kanne'라는 여관에서 이틀 밤을 묵었다.

1) 쭈어칸네여관 zur Kanne

루터가 묵었던 쭈어칸네

비텐베르크부터 루터와 동행했던 동료들은 이제 이 밤이 마지막이라는 절망감에 다시 한번 루터를 설득하였다. 왜냐하면 제국 재판에 출석한다는 것은 추방과 함께 바로 죽음을 맞게 되는 것이기 때문이다. 약 100년 전인 1414년 10월 얀 후스도 독일 콘스탄츠에서 열린 제국 재판에 출두한 후 바로 체포되었다. 이때도 황제 바츨라프 4세의 동생인 지기스문트가 후스의 안전을 보장하였지만, 후스는 이듬해인 1415년 7월 6일 화형에 처해졌다. 인문주의자며 반교황의 편에 서서 루터의 종교개혁을 지지했던 제국의 기사단장 프란츠 Franz von Sickingen도 이날 밤 자신의 군대를 이끌고 루터를 찾아왔다. 보름스로 입성한다는 것은 곧 죽으러 가는 것이라 확신한 프란츠 제국의 기사는 루터에게 자신의 성으로 피신할 것을 제안하였다. 그러나 루터는 동료들의 제안이나 제국의 기사 프란츠의 제안 모두를 거절하였다. 비록 자신도 100여 년 전 얀 후스처럼 황제의 손에 죽을 수 있다는 두려움이 있었지만, 세상적인 보호를 모두 거부하고 보름스로 입성할 것을 결심하였다.

2) 카타리나교회 St. Catherine's church

슈바이처 박사가 연주하던 파이프오르간

루터가 머물렀던 여관에서 나와 마을 위로 올라가면, '카타리나'라는 이름의 교회가 유유히 흐르는 라인강을 바라보며 우뚝 솟아 있다. 이 성당은 13세기에 고딕 양식과 로마네스크 양식으로 지어진 성당으로, 종교개혁 시대를 거치면서 루터교를 지지하였다.

교회 안으로 들어서면 입구 위에 놓여있는 녹색 빛의 파이프오르간이 인상적인데, 이곳에서 독일의 낭만주의 음악가인 막스 레거Max Reger가 연주하곤 하였다. 성당 뒤편 소예배실에 올라가면 또 다른 옛 파이프오르간이 놓여 있는데, 이 파이프오르간은 목사이자 신학자였고 바이올린 연주자였던 아프리카 성자 알베르트 슈바이처 박사가 연주했다고 한다.

교회를 나와 뒤뜰로 가면 2만 구의 유해가 보관된 납골당을 발견한다. 이 유해들은 14세기부터 18세기까지 이곳 카타리나교회 공동묘지에 묻혔던 성도들의 유해로, 약 2만 구의 유해가 차곡차곡 쌓여 있다. 그 이유를 두고 갑론을박 무수한 전설들이 내려오는데, 가장 신빙성 있는 설명은 바로 부활 신앙이다. 중세 기독교인들은 성경의 말씀대로 최후의 심판 날 육신의 부활을 믿고 있었다. 살은 썩어

오펜하임 카타리나교회 뒤뜰에 있는 납골당

서 흙으로 돌아가지만, 마지막 뼈는 부활을 위해 남아 있어야 했다. 게다가 교회 안에 있던 공동묘지의 규모가 크지 않았기 때문에 시간이 지나면서 옛 무덤의 뼈들은 이렇게 납골당에서 최후의 심판 날 육신의 부활을 기다렸다. 기독교인으로 죽음과 사후, 부활에 대해 다시 한번 생각하게 하는 장소다.

3. 황제 앞에 선 마르틴 루터, 보름스Worms

마르틴 루터는 1521년 4월 16일 오전 10시경 보름스에 들어섰다. 루터가 보름스에 들어서자 보름스대성당에서는 트럼펫 소리로 루터가 도착했음을 알렸고, 약 2천 명이 환호하며 루터의 마차를 뒤따랐다.

루터가 머물렀던 요한니터 길에 세워진 안내판(Kämmererstraße 41-45)

당시 보름스 인구가 7천 명 정도였는데, 마르틴 루터의 제국 재판을 보기 위해 몰려든 방문객들만 만 명을 넘어섰다. 루터의 재판이 열리는 4월 보름스는 비상사태 상황이었다. 당시 교황 대사였던 알레안더 Nuntius Aleander는 그날의 상황을 교황에게 보고하며, 이곳의 긴박한 흐름과 혼란스러운 상황을 상세히 기술했다. 물가는 천정부지로 치솟았고, 음식이나 상하수도, 숙박시설 등은 턱없이 모자라 도시 곳곳에서 언쟁과 싸움이 끊이지 않았다고 한다. 이와 함께 그는 길거리에서 마주친 대부분의 사람이 사제복을 입은 자신에게 분노와 적대감을 표시하였고, 보름스로 몰려든 사람의 90%가 '루터'를 연호하면서 '교황청의 종말'을 외쳤다고 보고하였다.

이날 루터는 수도원으로 들어가지 못하고 요한니터 Johanniterhof 라는 여관에 묵게 된다. 왜냐하면 루터는 이미 교회에서 파문당한 신분이었기 때문이다. 아쉽게도 루터가 묵었던 요한니터 여관은 사라졌고, 그 자리에 지금은 쇼핑센터가 자리하고 있다. 다만 과거 루터의 흔적을 잊지 않기 위해 이곳 건물에 그날의 흔적을 적어 놓고 있다.

1) 재판정에 선 루터, 보름스 제국의회

1521년 1월 27일 보름스에서 제국의회가 열렸다. 제국의회의 가장 큰 현안은 마르틴 루터에 대한 재판이었다. 제국의회에 참석차 보름스에 입성한 프리드리히 현공은 1월 5일, 먼저 황제 카를 5세와 루터의 재판 출두에 대해 논의한 후 루터 소환에 합의했다. 이 제국의회에는 교황 레오 10세 대신 그의 대사 알레안더가 참석했다. 교황 대사는 교회에서 파문된 루터가 정치적인 이유로 제국에서 추방되지 않게 되면 후일 자신이 책임을 져야 할 수도 있는 상황이었기에, 황제와 영주들의 적극적 개입을 요구했다. 황제는 프리드리히 현공과 합의에 따라 3월 6일 루터의 제국 재판 출두를 명령했다. 3월 29일 이 명령서는 루터에게 전해졌고, 루터도 프리드리히 현공과 상의한 후 프랑크푸르트, 오펜하임을 거쳐 보름스에 입성한 것이었다.

4월 17일

오후 4시, 루터의 재판이 시작되었다. 재판정 상석에는 황제가 앉았고, 그 밑에는 트리어의 수석 판사였던 요한 폰 엑크가 황제의 대변인으로 루터를 심문하기 위해 기다리고 있었다. 교황 대사의 입장에서는 황제의 적극적인 개입이 절실했지만, 그가 독일어에 서툰 탓에 황제는 통역을 통해 재판을 진행했고, 모든 심문은 대변인인 요한이 진행했다. 마르틴 루터는 변호인 히에로니무스 슈르프Hieronymus Schurff와 함께 재판에 참석했는데, 루터는 최소한 "자신이 왜 이렇게 교황과 교회를 비난하고 면벌부의 잘못된 점을 주장했는가?"에 대해 변론 기회를 기대했었다. 그러나 황제는 그러한 기회를 주지 않았다. 재판관 요한 폰 엑크는 루터에게 그가 쓴 독일어와 라틴어로 된 스물두 권의 책을 보여주며 그 모든 내용을 철회하라고 했다. 그 책들은 교황 대사가 증거자료로 사전에 준비한 것이 아니라 급하게 시내에 있는 인쇄소에 가서 구매했을 정도로 루터의 책들은 이제 어느 도시에서나 쉽게 구하는 책이 되어 있었다. 루터는 재판관의 질문에 바로 대답하지 못하고 생각할 시간을 요청하였다. 그렇게 이날 하루가 지나갔다.

4월 18일

이날은 더욱더 많은 사람이 루터의 재판을 보러 재판정에 몰려들었다. 재판정은 인산인해를 이루어 두 시간 정도 지체된 후 해 질 무렵 재개되었다. 어둠이 깔려 재판정에는 횃불로 불을 밝혔고, 그 열기와 흥분한 사람들의 열기가 한데 뭉쳐 루터는 많은 땀을 흘려야 했다. 이날도 황제의 대변인 엑크

베르너의 안톤 Anton von Werner, 제국의회 앞에 선 루터, 1877 ⓒ위키피디아

는 루터의 변론을 듣지 않고 곧바로 다시 질문에 들어갔다. 그는 성경을 통해 증명하려고 했던 루터의 모든 책의 내용을 철회하라고 몰아세웠다. 이에 대해 루터는 그 유명한 답변을 내놓았다.

"내가 말씀의 증거나 명백한 이성적 근거로 설득되지 않는다면, 나의 양심은 내가 인용한 성경 구절들 앞에 복종할 것이고, 나는 계속 하나님의 말씀에 사로잡혀 있을 것입니다. 왜냐하면 교황과 공의회들이 자주 오류를 범하고 서로 모순되는 결정을 하였기 때문입니다. 이러한 이유로 나는 아무것도 철회할 수 없으며, 그럴 의사도 없습니다. 왜냐하면 양심에 역행하면 굳건한 신앙도, 구원도 없기 때문입니다. 하나님, 저를 도우소서, 아멘!"

이에 대해 황제는 전통과 교회의 권위를 바탕으로 반론을 펼쳤지만 루터를 설득하지 못했고, 이날의 변론은 끝이 났다.

4월 19일

마르틴 루터가 자신의 주장을 철회하지 않을 것이라고 결론을 맺은 황제는 이제 영주들과 앞으로의 일을 논의하였다. 루터를 이단으로 생각하는 황제는 영주들도 자기 생각을 지지해 줄 것이라고 기대했지만 이는 잘못된 기대였다. 영주들 중에는 정치적으로나 신앙적으로 루터를 지지하는 이들이 있었기 때문이다. 황제는 영주들과 결론에 이르지 못하고 시간만 지나갔다.

4월 20일

이날 보름스는 갑자기 내걸린 현수막으로 인해 혼란과 공포에 휩싸였다.

"400명의 기사와 8,000명의 군대가 루터를 위해 전투태세를 하고 기다리고 있다."

제국 기사단이다. 당시 제국 기사단은 누구의 통제도 받지 않고 오직 스스로 결정한 '정의'만을 위해 목숨을 내걸고 싸우는 집단이었다. 이러한 그들이 루터의 편에 서서 루터의 명령만을 기다리고 있었다. 갑자기 감도는 전운에 황제는 물론 모든 이들이 두려움에 떨고 있었다.

4월 24~25일

황제와 영주들 사이에서 결론이 나지 않자 마인츠 대주교의 숙소에서 가톨릭 성직자들이 루터와 다시 한번 토론을 이어갔다. 여기에서도 루터가 자신의 주장을 철회하지 않자, 황제의 대변인 요한과 오스트리아 수상 막시밀리안Maximilian von

루터의 재판이 열렸던 주교의 궁전 ⓒ위키피디아

Zevenbergen은 이날 밤 루터를 불러 비텐베르크로 돌아가는 3주 동안 설교와 저술을 금지하는 조건으로 안전을 약속하며 루터를 풀어주었다. 이 자리에는 루터를 걱정하는 많은 귀족들도 함께했는데, 그중에는 후일 프리드리히 대제가 죽은 후 종교개혁의 중심에 서게 될 헤센의 필립 공도 함께 있었다. 당시 십 대의 나이에 이곳 루터의 재판을 참관한 그는 루터에게 자신의 땅을 지날 때 안전하게 돌아갈 수 있도록 치외법권 통행증을 건넸다.

4월 26일

이날 아침 루터는 비텐베르크로 떠났다. 그리고 약 2주 후인 5월 8일 루터가 제국법의 보호를 받을 수 없는 사람으로 선언되면서 제국에서 추방되는 보름스 칙령이 선포되었다. 루터의 글을 읽거나 유통하는 것이 금지되었고, 이제 누구든 루터를 살해해도 법적으로 살인죄가 되지 않았다. 그리고 이 법령은 5월 26일 인쇄되어 전 제국에 배포되었다.

2) '루터의 순간', 4월 17~18일[4]

600km가 넘는 길을 달려 온 마르틴 루터는 자신도 프라하의 후스처럼 화형장의 뜨거운 불 속에서 죽어 갈지도 모른다는 두려움에 불안해했을 것이다. 이 순간 모든 것을 포기하고 일단 피신하자는 동료들의 설득이나 군대를 동원하여 자신의 성에서 안전하게 보호하겠다고 나서는 제국의 기사단 제안을 너무나도 받아들이고 싶었을 수도 있다. 혹 그들이 자신의 목숨을 구하기 위해 하나님께서 보내주

신 하나님의 사람들이라고 여겼을 수도 있었을 것이다. 그러나 그는 이 모든 계책과 제안을 단호히 거부하고 아무런 군사적 호위를 받지 않은 채 보름스에 입성하였다.

황제 앞에 선 루터는 더욱더 큰 혼돈에 빠졌다. 최소한 황제 앞에서 자신이 주장한 것에 대한 변론의 기회가 있을 것으로 기대했던 루터였지만, 그 기회는 묵살된 채 모든 주장에 대한 철회를 일방적으로 강요당했다. 예상치 못한 재판 진행에 루터는 충격에 휩싸였고, 생각할 시간을 요청하며 이날 변론은 끝이 났다.

변덕스러운 날씨로 유명한 4월의 어두운 밤공기를 헤치며 숙소로 돌아가는 루터는 무슨 생각을 했을까? 내일, 마지막 재판에 오늘 미룬 답변을 황제 앞에 내놓아야 하는데, '어떤 답변을 해야 하나' 루터는 고민하고 또 고민하였다.

17일 밤은 루터의 인생에서 가장 중요한 순간, 바로 '루터의 순간'이었다. 봄이 왔지만 여전히 매섭고 차가운 바람이 몰아치는 라인 강변의 밤공기를 마시며 루터는 고민의 고민을 거듭했다. 그리고 이것이 바로 그가 내린 결론이다.

"하나님, 내가 여기 서 있습니다. 다른 것은 할 수 없습니다.
나를 도와주소서! 아멘."

이 '루터의 순간'에 그는 너무나도 많은 생각으로 고민하고 또 고민하였다. 황제와 로마 교황청에 대한 분노와 두려움, 혹 자신으로 인해 일어날 수도 있는 전쟁과 같은 대참사에 대한 걱정, 자신을 새로운 희망의 눈으로 바라보며 구원을 갈망하는 많은 사람들, 친구와

하일공원 내 루터의 신발

동료들. 이런 수많은 생각들이 순간 그의 머리를 스쳐 지나갔고, 수없이 많은 이들의 얼굴이 떠오른 순간이었다.

'루터의 순간', 이 순간 그는 수많은 생각과 고민, 두려움과 걱정으로 가려져 보이지 않았던 한 분, 바로 그 하나님을 다시 발견하였다. 그리고 하나님께 고백한다. "하나님, 내가 여기 서 있습니다." 하나님을 발견한 후 그는 모든 고민과 걱정, 두려움과 괴로움을 떨칠 수 있었다. 그리고 자신이 무엇을 해야 하는지 확실히 깨닫게 되었다. "하나님, 나는 다른 것은 할 수 없습니다." 자신의 길이 하나님이 인도하신 길이고 오직 하나님만이 자신을 인도할 수 있다는 것을 깨달은 루터는 세상의 지식도 아니고, 프리드리히 현공이 가진 정치적 힘도 아니고, 목숨이라도 바칠 것처럼 자신을 따르는 수많은 사람의 함성도 아닌 오직 하나님만이 자신을 도우리라는 것을 깨닫는다. 그리고 이렇게 고백한다. "하나님, 나를 도와주소서, 아멘."

과거 마르틴 루터가 재판을 받았던 곳은 대성당 뒤편, 주교의 궁전Bishopshof이었다. 이곳은 전쟁으로 인해 파괴되었고, 지금은 미술관과 연결된 작은 하일공원Heylspark이 자리 잡고 있다. 비록 실제 장소는 없어졌지만, 과거 루터가 황제 앞에서 재판받았던 상황을 느껴볼 수 있는 재판정이 설치되어 있고, 루터가 재판받을 때 서 있었던 자리라고 추정되는 곳에 청동으로 된 기념판과 '루터의 신발' 조형물을 세워 놓았다. 루터가 재판을 받았던 이곳에서 그의 신발을 신어보고, 재판정 앞에 서서 황제 앞에서 죽음의 공포를 느꼈던 '루터의 순간'을 상상해 볼 수 있다.

3) 루터 기념비

루터의 재판 이후 약 350년이 지난 후, 보름스는 다시 한 번 세간의 주목을 받으며 수많은 방문객들이 이 도시로 몰려들었다. 1868년 7월 25일 이곳에 에른스트 리첼Ernst Rietschel의 루터 기념 동상이 세워졌는데, 수만 명이 그 광경을 현장에서 지켜보았다.

 루터 기념비에는 각각의 동상들과 부조들이 루터의 생애와 학업, 종교개혁의 시작과 진행, 종교개혁에 동참했던 많은 인물과 그 결말에 관해 이야기하고 있다. 약 150년에 걸친 종교개혁의 역사를 루터 기념비가 이야기해 주고 있다.

 루터 기념비 중앙에는 3.5m 높이의 루터가 받침대 위에서 하늘을 바라보며 서 있다. 루터의 동상 받침대 네 면에는 루터의 재판과 종교개혁 시작을 알렸던 95개 조항, 성서번역과 설교, 성만찬과 그의 아내 카타리나와의 결혼 장면이 묘사되어 있다. 루터의 종교개혁은 과거 종교개혁에 목숨을 바쳤던 여러 종교개혁가의 피가 쌓이고 쌓

루터 기념비

여서 이루어진 것임을 나타내듯 프랑스의 피터 발데즈(c.1140~1281), 영국의 존 위클리프(1330~1384), 프라하의 얀 후스(1370~1415), 이탈리아의 지롤라모 사보나롤라(1452~1498)의 동상들이 함께하고 있다. 루터의 동상을 감싸고 있는 바깥쪽 벽에는 루터를 보호하였던 작센의 프리드리히 현공과 헤센의 필립공, 종교개혁의 동역자 필립 멜란히톤, 루터의 히브리어 교수였으며 제국의 법률가였던 러이힐린 교수가 서 있다. 그리고 그 사이에는 세 명의 여신이 종교개혁과 밀접한 관련이 있는 도시들을 나타내고 있다. 1555년 제국의회에서 루터교가 공식 인정된 도시인 평화의 아우크스부르크, 프로테스탄트의 탄생지인 저항의 슈파이어, 30년 종교전쟁에서 2만여 명의 사상자를 내며 도시 전체가 파괴되었던 슬픔의 막데부르크. 또한 여기에 당시 마르틴 루터의 종교개혁을 지지했던 27개 도시의 문장 역시 새겨져 있다.

대부분의 종교개혁 순례단이 보름스를 방문할 때는 시간에 쫓기어 루터의 종교재판 장소와 루터 기념비, 루터가 머물렀던 요한니터호프 정도를 방문하고 다음 도시로 옮긴다. 그러나 보름스는 로마 시대부터 독일과 신성로마제국의 중심에 서 있었던 도시로, 더 많은 종교개혁의 흔적과 역사적 이야기들을 간직하고 있는 도시다.

보름스는 마인츠, 아우크스부르크 등과 함께 독일에서 가장 오래된 도시 중 하나로 신성로마제국 잘리어 왕조의 중심 도시였으며, 약 100차례의 제국의회가 개최되었던 역사의 중심에 있었던 도시다. 그뿐만 아니라 독일 민족정신의 뿌리가 되는 '니벨룽의 전설'의 배경이 되는 도시다. 니벨룽의 전설은 중세 기사문학의 최대 걸작 중 하나로, 게르만 고전 중의 하나인『니벨룽엔 노래Nibelungenlied』에 전해진다. 작곡가 바그너는 26년에 걸쳐 이 니벨룽의 노래와 고대 북유럽 신화를 재구성하여〈니벨룽의 반지〉라는 오페라를 작곡했다. 이 4부로 구성된〈니벨룽의 반지〉는 총 연주 시간이 17시간에 달하는 장편 오페라로, 매년 여름이면 보름스에서 정기적으로 공연된다. 오페라뿐만 아니라 보름스 곳곳에 있는 니벨룽의 전설과 연결된 여러 가지 조각상과 장소들을 찾아보는 것도 독일을 이해하는 데 도움이 될 것이다.

종교개혁과 관련하여 대성당과 루터 기념비, 요한니터호프 외에도 보름스 피프리히하임

피프리히하임(Pfiffligheim)에 있는 루터나무

Pfiffligheim에 있는 루터나무에 대한 전설을 들어보는 것도 재미있다. 또는 루터의 제자였던 윌리엄 틴들이 그리스어 성경을 최초로 영어로 번역하여 6천 부를 인쇄했던 쉐퍼인쇄소 Schöffer Druckerei도 의미있을 것이다. 물론 쉐퍼인쇄소는 현재 자취를 찾아볼 수 없고, 그 자리에는 적십자 건물이 들어서 있다. 이 틴들 성경은 후일 킹 제임스 성경뿐 아니라 셰익스피어에게도 많은 영향을 주었다.

4. 신학 논쟁의 장, 하이델베르크 Heidelberg

괴테가 사랑했던 도시 하이델베르크는 매년 천만이 넘는 관광객들이 다녀가는 세계인이 사랑하는 도시다. 수많은 시대를 거치며 다양한 건축 양식의 모습을 간직하고 있는 성의 건물들과 정원, 정치적인 목적을 위해 연회에 필요한 포도주를 보관했던 20만 리터의 거대한 포도주 참나무통, 전설을 품고 있는 엘리자베스의 문, 철학자의 길 등 하이델베르크 곳곳의 모습들이 이곳을 찾는 관광객들의 사진 속에 남아 있다. 이 외에도 영화 〈황태자의 첫사랑〉 배경과 촬영지였던 구시가지도 항상 관광객들이 넘쳐나는 곳이다.

    천년을 지나오면서 수많은 역사의 중심에 있었던 하이델베르크는 구시가지 전체가 역사 교과서라고 이야기할 정도로 다양한 역사를 간직하고 있다. 그중 종교개혁 시대의 한 페이지를 펼쳐 루터와 관련된 하이델베르크의 과거 모습을 살펴보려고 한다.

    이곳 하이델베르크는 루터가 95개 반박문에 대하여 최초로 신학 논쟁을 벌였던 곳이다. 1518년 4월 하이델베르크 논쟁 이후 루터

하이델베르크성

는 같은 해 10월 아우크스부르크에서 심문을 받았으며, 1519년에는 라이프치히에서 신학 논쟁을 벌였다.

　마르틴 루터와 100여 년 전 얀 후스의 종교개혁 사이에는 많은 유사점이 발견된다. 예를 들어, 두 사람 모두 당시 로마 가톨릭과 면벌부를 비판했으며, 성경을 자국어로 번역하고 설교했다. 또한, 정치적 보호 아래 재판에 임한 점도 공통적이다. 그러나 얀 후스는 간절히 신학 논쟁의 기회를 원했으나, 기회조차 주어지지 않은 채 결국 화형을 당했다. 반면, 루터는 이곳 하이델베르크에서 시작해 세 차례에 걸쳐 심문과 공개 신학 논쟁을 할 수 있었다. 이 지점이 바로 두 종교개혁 간의 차이점이다. 그렇다면 과연 어떤 이유로 마르틴 루터는 모든 사람 앞에서 자신의 신학적인 사고와 논리를 펼칠 수 있었을까? 모든 사람이 경청하는 그 자리에서 루터는 어떤 내용으로 로마 가톨릭 교수들과 논쟁을 벌였을까? 이러한 궁금증들을 가지고 루터가 방문했던 하이델베르크 어거스틴수도원을 찾아가 종교개혁 논쟁을 살펴본다.

1) 선거 협약

마르틴 루터는 100여 년 전 프라하의 얀 후스와 거의 비슷한 내용과 과정으로 독일 비텐베르크에서 종교개혁을 시작하였다. 이에 대한 교황의 반응은 얀 후스 때와 똑같았다. 다만 차이를 찾는다면, 후스는 1414년 10월 독일 콘스탄츠에서 열렸던 종교회의인 공의회에 참석한 후 체포되어 화형을 당했고, 루터는 1517년 95개 조항에 대한 공개적 비판 후 약 4

어거스틴수도원 마녀의 탑 ⓒ위키피디아

년 동안 종교개혁을 위한 저술 활동과 신학 논쟁을 이어갔다는 점이다. 이 시기 마르틴 루터의 종교개혁이 계속 진행될 수 있었던 원인을 찾는다면, 하나는 프리드리히 현공이 마르틴 루터를 정치적으로 보호하고 있었던 것이었고, 다른 하나는 마르틴 루터가 보헤미아 왕국이 아닌 독일에서 종교개혁을 시작했다는 것이다. 프리드리히 현공에 대한 부분은 인문 기획 도시 비텐베르크를 방문할 때 자세하게 다루게 될 것이고, 이곳 하이델베르크에서는 루터가 신학 논쟁을 할 수 있었던 배경으로 '독일'이라는 의미를 살펴본다.

1519년 변방 스페인의 왕이었던 막시밀리안 황제의 손자 카를 5세는 황제로 선출될 당시 제국 내 정치적 기반이 없었다. 그렇기 때문에 그는 1519년 7월 3일, 독일 제후들과 총 34개 조항에 달하는 '선거 협약'을 체결함으로써 황제의 자리에 오를 수 있었다.

　'선거 협약'에 따르면 라틴어와 더불어 독일어를 제국 내 공식 언어로 지정하고, 제국의 관직은 독일 출신 인사들로 임명하며 제국의회는 반드시 독일에서 개최하도록 명시되었다. 이때 독일 선제후들은 이전 황제인 막시밀리안 황제 때 이루지 못했던 제국 정부에 대한 기본 틀을 선거 협약에 관철시켰다. 이에 따라 22명의 위원으로 구성되는 제국 정부가 설치되었고, 황제 부재 시 황제를 대신해 정부 역할을 하였다. 제국 정부의 권한은 교회 문제나 봉건제 등과 관련된 내부 질서 유지뿐 아니라 동맹 체결 및 제국의회 소집에 이르기까지 광범위했다.

　특히 22항에는 '독일인의 추방'에 관한 조항이 명시되었는데, 독일 내에서는 신분의 고하를 막론하고 변론 없이 제국에서 추방할 수 없으며, 제국 법규에 따라 정식 절차를 준수하여 집행해야 한다고 명시하였다. 이 22항이 바로 마르틴 루터가 종교개혁을 시작한 후 로마 종교재판 소환에 응하지 않고 계속 독일에서 신학 논쟁을 벌일 수 있었던 가장 큰 근거였다. 그러니까 말하자면 루터는 독일 국민으로서 독일 내에서 충분한 변론을 할 수 있는 법적 권리를 가지고 있었다. 이러한 법적 권리 때문에 루터는 자신의 95개 조항에 대해 하이델베르크, 아우크스부르크, 라이프치히에서 신학 논쟁을 이어갈 수 있었다.

2) 신학 논쟁, 어거스틴수도원

마르틴 루터는 이곳 하이델베르크 어거스틴수도원에서 10일 동안 머물렀다. 어거스틴수도원이 당시 대학 건물 옆 구시가지 성벽에 있었기 때문에 루터는 이곳에 머물러 있는 동안 학생들과 종교개혁뿐만 아니라 여러 가지 신학 주제들에 관해 토론을 이어갔다. 아쉽게도 루터의 첫 공개 토론이 벌어졌던 강당은 1693년 사라졌고, 현재는 이를 기억하는 원형 현판이 메리안 거리 Merianstraße 입구 바닥에 놓여 있다.

1518년 교황 레오 10세는 어거스틴수도회 총감독을 새롭게 임명한다. 새로운 총감독 베네투스 Gabriel Venetus의 특별 임무는 바로

루터의 하이델베르크 신학 논쟁을 기념하는 현판 ©위키피디아

마르틴 루터를 올바른 길로 인도하는 것이었고, 총감독은 곧바로 어거스틴수도회 총회를 소집하였다. 이에 루터는 비텐베르크대학에 휴가를 내고 프리드리히 현공의 신변 보호 확인서를 가지고 1518년 4월 22일 하이델베르크에 입성했다.

　4월 25일부터 개최된 총회에서 루터는 지부 보좌신부 직위를 박탈당했고, 26일 95개 조항에 대한 공개 변론에 참석했다. 공개 변론은 어거스틴 수도사뿐 아니라 하이델베르크대학 학생들과 시민들, 팔츠 공국의 귀족들까지 모두 참석할 수 있었던 공개 변론이었다. 이 논쟁에서 루터는 5명의 하이델베르크 교수와 논쟁하였는데, 그중 대표인 요한 엑크Johann Eck는 루터의 절친이었다. 그는 자신의 책 『오벨리스크Obelisci』에서 루터의 95개 조항을 비판하면서, 과거 100년 전 이단으로 몰려 화형 당한 얀 후스를 지칭했던 '장난감 창Spießchen'이라며 루터를 조롱하였다.

　루터는 자신의 변론을 위해 95개 조항을 재차 정리하여 40개 주제(28개의 신학적 주제와 12개의 철학적 주제)로 발표했다. 신학적 주제는 당시 루터가 배격하였던 아리스토텔레스 철학을 바탕으로 완성된 중세 스콜라 철학을 비판한 것이었다. 여기서는 그가 발표했던 28개의 신학적 주제 "인간이 자신의 능력으로 하나님의 의지와 계명을 따르고 그리스도의 은혜에 도달할 수 있는가?"에 대해 재구성하였다.[5]

우리는 어떻게 구원을 받을 수 있습니까?

지금까지 우리는 '의로운 사람'이 되기 위해 예배 참석, 헌금, 기도, 금식, 가난한 자에게 베푸는 자선, 면벌부 등 교회가 이야기하는 모든 것을 행했습니다. 왜냐하면 그것이 구원을 받기 위한 길이라고 배웠기 때문입니다.

이 모든 행위가 우리들을 좋은 사람, 선한 사람이 되게 할 수는 있을 것입니다. 그러나 그 선한 사람은 하나님과 무관한 사람입니다. 왜냐하면 인간은 하나님 앞에서 스스로 행한 자신의 행위를 통해 의롭게 되었다고 생각하기 때문입니다.

인간 자신의 노력으로는 하나님 앞에서 의로운 사람이 될 수 없습니다. 아담과 하와도 에덴동산에서 자신의 의지와 노력으로 하나님과 같이 되려고 선악과를 따 먹었지만, 그들은 죄인이 되었습니다. '인간의 의지'에 관한 어거스틴의 이야기처럼, 하나님은 인간에게 그들이 원하면 할 수 있는 능력을 준 것이지 그 능력을 사용할 의지를 준 것은 아닙니다. 그렇기 때문에 인간이 할 수 있는 것은 하나님의 은혜를 간구하는 것입니다. 삶과 구원, 부활은 오직 그리스도 안에 있기 때문에 우리는 오직 예수 그리스도 안에서만 희망을 품어야 합니다.

우리 자신의 행위를 통해 스스로 하나님 앞에 서는 것이 아니라, 사도 바울이 강조한 십자가를 지신 그리스도, 인간으로 이 땅에 오셔서 십자가를 짊으로 하나님의 길을 걸어간 그리스도를 본받아야 합니다.

우리가 행하는 종교적 행위는 우리에게 하나님 앞으로 가는 길을 열어줄 수는 있지만, 그 자체가 우리를 하나님 앞에서 의롭게 만드는 것은 아닙니다. 아리스토텔레스가 이야기한 것처럼, '하나님 앞에서는 연습이 마이스터(의로운 사람)를 만드는 것'이 아닙니다. 로마서에서 바울은 "믿음으로 의

인은 살리라"(롬 1:17), "사람이 마음으로 믿어 의에 이르고 입으로 시인하여 구원에 이른다"(롬 10:10)고 이야기했습니다. 예수 그리스도를 믿는 믿음으로 하나님 앞에 의롭게 된 자는 자동으로 선한 일을 행하게 됩니다. 이것이 바로 하나님이 인간에게 준 믿음의 본모습입니다. 믿음으로 우리 인간은 그리스도와 연결되게 되는 것입니다.

믿음은 하나님의 선물로써 누구나 아무 조건 없이 받는 것입니다.

우리들은 하나님이 선물로 주신 그 믿음을 우리가 가지고 있는 의지와 노력을 통해 내 '믿음'(롬 1:17)으로 만들어야 합니다. 그렇게 될 때 우리는 하나님과 올바른 관계를 형성할 수 있습니다. 예수 그리스도에 대한 이 믿음만이 우리를 구원으로 인도할 수 있습니다.

하이델베르크 논쟁이 끝난 후 1518년 7월 교황은 루터의 이단 의혹에 대한 재판을 위해 로마로 소환했다. 이에 루터는 60일 이내에 로마로 출석하여 자신의 무죄를 변호해야 했다. 그러나 그는 이미 로마가톨릭이라는 속박의 굴레에서 벗어났기 때문에 비텐베르크에 머물면서 종교개혁을 계속 이어갔다. 이때 그는 결단의 의미로 자신의 이름을 '루더Luder'에서 'd'를 'th'로 바꿔 '루터Luther'로 개명하였다. 그가 추가한 'th'는 '자유한 자eleutheros'라는 그리스어에서 가져온 철자로, '그리스도를 믿는 믿음으로 자유한 자'라는 고백이 담겨있다.

후에 마르틴 루터는 하이델베르크 논쟁에 있어서, 당시 토론 상대자로 나온 다섯 명의 박사가 모두 논리적인 근거 없이 토론을 이어 나갔다고 회고하며, "그렇게 이야기하면 마음속 깊은 곳에서부터 구원을 받기 위해 노력하고 있는 많은 농민에게 돌에 맞아 죽을 것"이라고 호언장담하였다. 또한 팔츠의 볼프강 공은 작센의 프리드리히 현공에게 편지를 보내면서 "루터가 많은 사람과 공개 변론을 하였지만 아주 재치 있게 대처했으며, 그곳에 참석했던 많은 학자와 사람들이 루터의 주장에 동조하였다"고 회고하였다. 실제로 이날 공개 토론회를 통해 이곳에 참석했던 마르틴 부처Martin Bucer나 요하네스 브레즈Johannes Brez 등은 후일 종교개혁의 선봉에 서게 되었다.

하이델베르크 신학 논쟁 ⓒ위키피디아

마인츠, 오펜하임, 보름스, 하이델베르크 여행하기

위 도시들은 책에 소개된 장소 외에도 역사적으로 유명한 곳들이 많이 있는 도시들이다. 이에 도시마다 먼저 책에 소개된 장소의 주소를 소개한 후, 추가로 추천할 만한 장소들을 소개한다.

1. 마인츠

이곳도 프랑크푸르트와 동일하게 구시가지와 연결된 지하 주차장에 주차한 후 관광하는 것이 좋다. 마인츠의 경우 도시가 크지 않기 때문에 차를 외곽에 놓고 자전거나 전동 킥보드를 이용하는 것도 가능하다.

지하주차장 Parkhaus am Brand, Quintinsstraße 12, 55116 Mainz
대성당 Liebfrauenpl. 4, 55116 Mainz
구텐베르크박물관 Liebfrauenpl. 5, 55116 Mainz

이 외에 샤갈의 스테인드글라스가 유명한 스데반교회나 구텐베르크

세례교회, 선제후 성, 로마 시대 유적이 있는 치타델레, 라인강변 등을 산책하거나, 천년 성당을 바라보며 광장이나 카페 2층에서 여유롭게 커피 한잔을 하는 것도 수천 년의 문화를 느껴보는 방법일 수 있다.

스데반교회 Kleine Weißgasse 12, 55116 Mainz
구텐베르크세례교회 Hintere Christofsgasse 3-5, 55116 Mainz
마인츠 치타델레 Windmühlenstraße, 55131 Mainz
카페 Wilma Wunder, Markt 11, 55116 Mainz

2. 오펜하임

오펜하임은 포도주 축제로 역사가 깊은 동네다. 동네가 워낙 작아서 관광객들이 많이 찾는 곳은 아니지만, 루터가 보름스로 가기 전 마지막 날 머물렀던 흔적이 남아 있을 만큼 중세의 모습이 아직도 남아 있는 아담하게 어우러져 있는 도시다. 주차는 교회 뒤편 주차장에 무료로 할 수 있다.

카타리나교회 Katharinenstraße 1, 55276 Oppenheim
루터가 머물렀던 여관 Mainzer Str. 11-13, 55276 Oppenheim

3. 보름스

보름스는 니벨룽의 전설이 공연되는 기간이나 특정한 행사를 제외하면 유동 인구가 많은 도시는 아니다. 그러므로 주차에 대한 부담은 상대적으로 덜 하다. 주로 주차는 길옆 주차 구역에 하고, 주차 티켓을 밖에서 보이도록 차에 넣어두면 된다. 이곳은 대성당과 종교개혁 기념비, 루터가 재판을 받으며 머물렀던 요한니터 호프, 루터나무, 최초로 원어 성경에서 영어로 번역된 틴들 성경을 인쇄한 쉐퍼인쇄소가 있었던 적십자 건물 등을 추천한다.

보름스대성당 Domplatz, 67547 Worms
종교개혁 기념비 Lutherring, 67547 Worms
요한니터 호프 Kämmererstraße 41-45, 67547 Worms
루터나무 Schlossgasse 5, 67547 Worms
쉐퍼인쇄소 Eulenburgstraße 12, 67547 Worms

....

4. 하이델베르크

하이델베르크는 세계인이 사랑하는 도시 중 하나로, 고성뿐 아니라 구시가지, 종교개혁 역사를 고스란히 간직하고 있는 성령교회, 철학자의 길, 넥카강의 다리, 학생 감옥 등 구시가지 전체가 역사 교과서라고 이야기할 정도로 다양하다. 물론 그렇게 유명한 만큼 이곳을 찾는 관광객들도 엄청 많다는 것을 감안해야 한다. 따라서 유료주차장에 주차 후 케이블카 이용을 추천한다. 전체 구시가지와 다리를 건너 철학자의 길까지는 왕복 3~4km를 예상해야 한다.

케이블카 옆 주차장 Zwingerstraße 20, 69117 Heidelberg
성령교회 Hauptstraße 189, 69117 Heidelberg
학생 감옥 Augustinergasse 2, 69117 Heidelberg
마녀 종탑 Grabengasse 3-5, 69117 Heidelberg
철학자의 길 Philosophenweg 20, 69120 Heidelberg

슈파이어
슈파이어대성당
종교개혁기념교회

📍 프랑크푸르트
📍 마인츠
📍 오펜하임
📍 보름스
 📍 하이델베르크

멤밍엔
성마틴교회
상인 조합

3장

우리는
프로테스탄트다

마르틴 루터는 95개의 반박 조항을 성문교회 문에 못 박은 순간부터 보름스 제국재판까지 숨 가쁘게 달려왔다. 그의 말과 글은 구텐베르크의 새로운 인쇄 기술을 통해 거의 실시간(?)으로 전 유럽에 전파되었다. 언제 어디를 가든지 가장 큰 이슈는 마르틴 루터였다. 그중 절정은 보름스 제국의회였다. 황제 카를 5세에게는 황제 등극 후 첫 제국의회였기 때문에 처리해야 할 문제들이 산더미였지만, 가장 큰 문제는 역시 마르틴 루터의 재판이었다. 당시 보름스에는 루터를 따르던 제국 기사단이 군대를 이끌고 라인강변에서 진을 치고 있었고, 수천 명의 군중은 루터의 말 한마디에 새로운 세상을 만들 것만 같이 루터만 바라보고 있었다. 전쟁으로 이어질 수 있는 위기의 4월이었다.

이 순간 루터가 선택한 것은 일 보 후퇴였다. 루터는 자신의 변론이 모두 끝난 후, 4월 26일 조용히 보름스를 빠져나와 오펜하임과 프랑크푸르트를 지나 자신이 왔던 길로 되돌아갔다. 그리고 프리드리히 현공이 계획한 기획 납치극을 통해 루터는 세상의 관심에서 사라졌다.

이렇게 루터의 종교개혁은 1막을 내렸다.
온 세상을 떠들썩하게 했던 루터는 정체 모를 군인들에게 납치되었고, 그의 생사를 알지 못한 채 종교개혁 1막이 끝이 났다. 이후 그는 약 10개월 동안 바르트부르크Wartburg에서 융커 요르크Junker Jörg라는 이름으로 칩거하였다. 가끔 루터는 바르트부르크성에서 나와 장터를 돌아다니곤 했는데, 머리와 수염을 기른 그를 알아보는 이들은 거의 없었다. 그렇게 루터는 사람들의 기억에서 잊히는 듯했다. 마치 화형장의 불꽃 속에서 사라졌던 얀 후스처럼, 사람들은 그렇게 루터도 소리 소문 없이 죽어갔다고 생각했다.

루터가 사람들의 기억에서 조금씩 사라져갈 때, 그는 만성교회 문에 못 박았던 로마가톨릭에 대한 95개조 반박문보다 더 강력한 초대형 프로젝트를 준비하고 있었다. 그것은 바로 성경 번역이었다. 루터는 헬라어로 된 신약성경 원문을 독일어로 번역하였다. 그리고 그가 번역한 신약성경은 구텐베르크의 인쇄술을 통해 3천 권 인쇄되었고, 1521년 10월 라이프치히 도서 박람회에서 판매되었다.

종교개혁의 제2막을 알리는 신호탄이 쏘아졌다.

루터가 라이프치히 도서 박람회에 내놨던 『9월 성경』은 가히 핵폭탄급 파괴력을 지녔다 평가될 수 있을 만큼 어마어마한 영향력을 지녔었다. 왜냐하면 그것은 독일어로 번역된 성경이었기 때문이다. 루터의 『9월 성경』은 날개 돋친 듯 독일 전역으로 삽시간에 퍼져 나갔다. 과거 95개조 반박문이 라틴어에 친숙한 성직자나 엘리트 중심의 종교개혁에 머물렀다면, 여기 독일어로 번역된 루터의 『9월 성경』은 대중의 마음을 일깨운 가히 '종교적 혁명의 기점'이라고 평가할 수 있다.

여기에 더해, 정치 지형의 변화도 중요한 역할을 했다. 남쪽에서는 오스만 제국이 헝가리를 압박하며 세력을 확장했고, 북쪽에서는 프랑스의 프랑수아 1세가 이탈리아를 향한 야욕을 드러냈다. 이러한 국제 정세는 독일 내 종교개혁의 두 번째 국면이 펼쳐지는 데 결정적인 영향을 미쳤다. 물론 이 모든 사건이 종교개혁 진원에서 유리한 쪽으로만 흘러간 것은 아니었다. 세상 모든 일이 작용이 있으면 반작용이 있는 것처럼, 1521년 보름스 제국의회 이후 펼쳐진 일련의 사건들이 한편으로 종교개혁을 촉진하는 촉매제 역할을 하였지만, 사건이 일단락되면서 오히려 종교개혁을 억압하는 반작용으로 작동하게 되었다. 게다가 종교개혁 전반을 지지해 주던 작센 공국의 프리드리히 현공이 유명을 달리하면서 종교개혁 진형에도 커다란 지각 변동이 일어났다. 설상가상으로 후일 루터에게는 지우고 싶은 오점으로 남게 된 농민전쟁이 이 시기 발생하였다. 이 격동의 시기에 루터를 지지한 영주들은 제국의회 결정에 반대하며 강력한 저항protestation을 선언했고, 이후부터 로마가톨릭에 반대하는 이들을 프로테스탄트라고 부르게 되었다.

종교개혁 2막에 펼쳐지는 격동의 사건들에 대해 당시 제국의회가 개최되었던 슈파이어대성당과 저항기념교회를 방문하여 그 시기의 상황을 느껴보고자 한다. 이 책에서는 분명한 설명을 위해 당시 3년의 간격을 두고 개최되었던 두 번의 제국의회 중 1526년 제국의회를 제1차 슈파이어 제국의회, 1529년 개최된 제

슈파이어대성당 ©위키피디아

국의회를 제2차 슈파이어 제국의회로 구분하여 이야기하고자 한다. 그뿐 아니라 농민전쟁이 일어났던 1524~1525년 사이 농민들의 상황을 가장 잘 대변해 줬던 도시 멤밍엔을 방문하여 당시 농민전쟁이 루터와 종교개혁을 지지하는 귀족들, 신성로마제국 등에 어떠한 의미였는지 등을 되짚어 볼 것이다.

1. 신성로마제국의 중심 슈파이어Speyer

인구 5만의 작은 도시 슈파이어는 과거 보름스와 더불어 신성로마제국 잘리어 왕조의 수도와 같은 역할을 했던 역사적으로 중요한 도시였다. 구시가지 중심에는 1025년 황제 콘라트 2세가 자신의 죽음을 준비한 로마네스크 양식의 제국대성당이 자리하고 있다. 이후 도시 슈파이어는 하인리히 5세 때인 1111년, 오직 황제에 의해서만 법적 제한을 받는 독일 최초의 자유 도시로 명명되어 황제의 도시로 발전했다. 1527년에는 제국 정부 위원회와 제국재판소가 이곳 슈파이어에 세워졌다. 이에 걸맞게, 이곳에서 총 60차례 제국의회가 개최되었는데 제국의회는 대성당 건너편 제국재판소에서 열렸다. 그러나 전쟁으로 인해 소실된 후, 현재 그 자리는 호텔이 들어서 있다.

1) 슈파이어대성당

슈파이어대성당에서는 지금도 신성로마제국 최초의 자유 도시였다는 자긍심을 느낄 수 있다. 콘라트 2세 때인 1024년부터 86년 동안 건축된 슈파이어대성당은 총길이가 133m, 폭이 30m, 종탑의 높이가 71.2m에 이르는 독일 최대 규모 로마네스크 양식의 바실리카식 성당이다.

로마네스크 양식과 고딕 양식이 복합적으로 어울려 있는 이 대성당은 건축학적으로 기존 전통적인 방식을 거부하고 건축물의 높이를 올렸는데, 가장 높은 기둥은 바닥부터 아치의 기단까지 32m에 달한다. 당시 건축학적으로 제일 큰 문제는 건물 상부의 무게를 지탱하는 것으로, 이를 위해 슈파이어대성당에서는 벽과 기둥을 두껍게 했고, 긴 중앙 복도의 천정은 기본인 터널 볼트(배럴 볼트)뿐 아니라 정방형 천장을 위한 크로스 볼트(그로인 볼트)가 섞여 건축되었다.

오늘의 대성당 모습을 완성한 인물은 교황 그레고리오 7세와 서

슈파이어대성당 ⓒ위키피디아

3장 우리는 프로테스탄트다 99

임권 투쟁을 벌였던 황제 하인리히 4세다. 하인리히 4세가 독일 주교들과 함께 로마 교황과 서임권 투쟁을 벌이며 이 거대한 대성당을 이곳에 건설한 정치적 배경에는, 로마 교황청과의 헤게모니 싸움이 있었다. 교황으로부터 파문당한 하인리히 4세는 1077년 1월 엄동설한의 날씨에 굳게 닫힌 카노사 성문 앞에서 맨발에 고해복을 입고 금식하며 교황에게 용서를 구했다. 이 과정에서 독일 내 제후들도 교황편으로 돌아서며 그는 최고의 위기를 맞았지만, 이내 다시 독일 제후들을 장악하고 1084년 이탈리아 로마에 진격하여 교황 그레고리오 7세를 축출하는 데 성공하였다.

대성당 내부에 들어서면 로마네스크 양식이 보여주는 전형적인 수수함과 단조로움을 느낄 수 있다. 1689년에 시작된 팔츠 계승 전쟁 때는 프랑스군에 의해 대성당이 군수 창고로 이용되고 성화 등이 밀반출되는 등의 수모를 겪기도 하였다. 혹 12월 대강절 기간에 슈파이어를 방문할 계획이라면 작고 아담한 대성당 앞 성탄절 시장을 즐기고, 마인츠 소년합창단이 아카펠라로 전하는 성탄절 음악회를 감상할 기회를 얻을 수도 있다.

2) 16세기 초 신성로마제국의 정치적 상황

보름스 칙령 이후 루터는 기획 납치극을 통해 바르트부르크에서 융커 요르크Junker Jörg라는 이름으로 수염과 머리를 기르며 은둔 생활을 했다. 루터를 지지했던 동료 신학자들도 탄압을 받아서 스트라스부르크나 헤센, 제국의 기사 프란츠Franz von Sickingen의 에베른부르크Ebernburg성으로 피신하였다. 하지만 이렇게 피신해 있던 신학자들은 피신한 곳에서도 계속 종교개혁을 향한 설교와 저술 활동을 이어 갔고, 그 영향으로 그 지역들은 후일 종교개혁의 중심지로 성장하게 되었다.

    이 시기 제국 내 정치적인 상황은 더욱더 악화되었다. 작센의 프리드리히 현공이 루터를 보호하고 있는 동안 황제는 제국의 핵심인 독일을 통제할 수 없었다. 그러나 종교적으로는 보덴슈타인Andreas Bodenstein과 같은 루터를 추종하던 급진파 종교개혁가들이 늘어났다. 유아세례를 거부하며 천주교 개혁을 폭력으로 이끌던 재세례파 세력들은 더욱 확산되어 1530년대에는 '새 예루살렘'을 독일 뮌스터에 건설하기 위한 전쟁을 일으켰다. 마르틴 루터와 토마스 뮌쩌Thomas Muntzer 등에 영향을 받은 농민들은 폭력적으로 교회와 영주들에게 대항하였다. 농민들의 저항은 독일뿐 아니라 스위스와 오스트리아까지 확산되어 급기야 1524~1525년, 전쟁으로 치닫게 되면서 황제의

Bernard van Orley, 〈파비아전쟁〉, 1525 ⓒ위키피디아

정치적 입지를 약화시켰다.

카를 5세 황제가 가지고 있었던 또 다른 문제는 교황과의 권력 다툼이었다. 카를 5세가 황제로 선출되는 과정에서 교황 레오 10세는 카를 5세를 견제하여 프랑스의 프랑수아 1세를 지지했었다. 다행히 황제 등극 이후 황제와 교황과의 관계가 회복되어 교황은 루터를 파문할 수 있었고, 황제는 그를 제국에서 추방할 수 있었다. 그러나 교황이 1521년 12월 1일 말라리아로 선종하면서 교황과 황제의 밀월은 끝이 났다.

황제는 제국 내 정치에서 가장 중요한 교황의 자리에 자신의 가정교사였던 네덜란드 출신의 하드리아노 6세Hadrianus PP. VI를 앉혔지만, 그는 로마와 이탈리아에서 강력한 카르텔을 형성하고 있던 메디치 가문의 벽을 넘지 못하고 21개월 만에 독살되었다. 그리고 그 후임으로 레오 10세의 사촌인 줄리오 데 메디치 추기경(훗날 교황 클레멘스 7세Clemens PP. VII)이 교황으로 선출되었다. 이때 황제는 줄리오 추기경의 반(反)프랑스 동맹에 대한 확약을 받고 이를 승인했다. 그러나 클레멘스 7세는 교황이 된 후 바로 황제와 맺은 반프랑스 방위 동맹을 거부하였을 뿐 아니라 오히려 프랑스와 동맹을 맺으며 황제와 대립하였다.

카를 5세를 위협하는 외교적인 문제도 산적했다. 그가 가지고 있던 가장 큰 외교적 위험

저항기념교회 ⓒ위키피디아

은 당연히 교황과 연합한 프랑스였다. 황제로 선출되지 못한 프랑스의 프랑수아 1세는 새로 등극한 클레멘스 7세와 연합하여 노골적으로 북이탈리아에 대한 야욕을 드러내며 카를 5세와 신성로마제국을 위협하였다. 후일 프랑수아 1세는 이교도인 오스만 제국과도 연합하여 신성로마제국과 전쟁을 이어갔다. 이렇게 황제는 프랑스와 손잡은 교황과 정치적으로 대립하고 있었고, 프랑스는 군대를 이끌고 북이탈리아를 침공한 상태였다. 황제는 영국의 헨리 8세와 연합하여 반프랑스 전선을 구축했으나, 전쟁은 끝나지 않고 계속되었다.

황제의 발이 프랑스와의 전쟁에 묶여 있는 상황에서, 설상가상으로 오스만 제국Ottoman Empire이 카를 5세 황제를 압박하며 목을 조여 오고 있었다. 비잔틴 제국을 물리친 오스만 제국은 1521년 세르비아 베오그라드Beograd를 점령한 후 헝가리를 향해 계속 북진하였고, 1526년에는 헝가리 남부 모하치Mohács까지 북상하였다. 모하치가 점령되면 부다페스트가 위험에 놓이는 것이고, 그다음은 오스트리아 비엔나였다.

오스만 제국 쉴레이만 1세의 헝가리 북상에 애가 탄 인물은 사실 카를 5세 황제가 아니라 그의 동생인 페르디난트왕Ferdinand I이다. 왜냐하면 그는 전통적인 합스부르크 왕가의 영토를 기반으로 헝가리와 보헤미아를 장악하였고, 정략결혼으로 크로아티아까지 자신의 영토를 확대하여 차기 황제로서의 정치적 기반을 다지고 있었기 때문이다.

이런 페르디난트의 계획이 오스만 제국에 의해 벼랑 끝으로 내몰리게 된 것이다. 그에게 필요했던 것은 이슬람 이교도들과 싸울 군대였다. 현재 황제의 군대가 프랑스와의 전쟁으로 북이탈리아에 묶여 있었기 때문에 그에게 군대를 내어 줄 유일한 구원자는 작센을 위시한 독일 지역의 선제후들과 영주들이었다. 이러한 배경에서 페르디난트 1세는 제국 정부의 수장으로 황제 카를 5세에게 전권을 위임받아 1526년 6월 슈파이어에서 제국의회를 소집했다.

3) 저항기념교회

이제 '저항하는 자들, 프로테스탄트'가 유래된 것을 기념하여 세워진 저항기념교회로 장소를 옮겨, 종교개혁 그 2막이 진행되던 역사적 배경과 종교개혁 진행 과정을 살펴본다.

저항기념교회는 본래 독일 개신교회의 모교회로 기획되어 1529

제국의회가 개최되었던 슈파이어 제국재판소, 1789 ©위키피디아

년 제국의회가 개최되었던 장소에 건축하려고 계획됐었다. 그러나 이 사안에 대해 개신교 내부에서 의견 일치가 이루어지지 않아 결정되지 못하였을 뿐 아니라 기금이 충분히 모이지 않았다. 결국 추진위원회는 시 외곽에 부지를 선정하고 공개 입찰을 통해 신고딕 양식으로 저항기념교회를 건축하였다.

교회에 들어서면 제일 먼저 눈에 들어오는 곳이 저항 기념관이다. 중앙에는 마르틴 루터가 왼손에 성경을 들고 서 있다. 루터의 주변에는 당시 1529년 멜랑히톤과 함께 제국의회 앞에서 저항했던 6인의 제후[6]가 각각의 기둥에 서 있고, 천장에는 이 여섯 제후와 함께 저항문서에 서명했던 14개 도시[7]의 문장이 새겨져 있다. 여기 이들이 바로 최초로 제국의회와 세상을 향해 "우리는 프로테스탄트다"라고 외쳤던 인물들이다.

이제, 당시 숨 가쁘게 돌아갔던 1520년대와 이곳 슈파이어에서 열렸던 두 번의 제국의회를 살펴보려고 한다. 왜냐하면 이 두 차례 제국의회를 통해 당시 종교개혁의 성격과 향방이 새롭게 결정되었기 때문이다.

2. 종교개혁 제2막의 시작

격변의 시간이 흐르는 동안 종교개혁 진형 내부에서도 커다란 지각변동이 일어났다. 바로 프리드리히 현공이 지병으로 사망한 것이다. 현공의 죽음은 그동안 종교개혁이라는 모토 아래 잠자고 있었던 다양한 집단의 서로 다른 이면을 수면 위로 끌어올렸다. 내부 갈등이 시작된 것이다. 그리고 그 갈등은 균열로 이어졌다. 뿐만 아니라 이것이 제2차 슈파이어 제국의회의 결과와 맞물리며 피의 전쟁을 불러오게 되었다. 그렇게 종교개혁은 '전쟁'이라는 새로운 국면으로 치닫게 된다.

1) 프리드리히 현공의 죽음과 헤센의 방백, 관대한 필립 1세

헤센의 방백 관대한 필립 1세 ⓒ위키피디아

루터의 정치적 보호자 프리드리히 현공이 1525년 5월 5일, 지병으로 유명을 달리했다. 평생 통풍과 담석증으로 고생하였던 그는 동생인 요한 프리드리히John the Constant에게 잠을 이루지 못하며 먹지도 못하고 물조차 마실 수도 없었던 생의 마지막 두려움과 고통을 편지로 남기며 죽음을 맞이하였다.

제국의 절대 강자였던 작센 공국 프리드리히 현공의 죽음은 종교개혁 진영뿐 아니라 신성로마제국 내 정치적 지형 역시 요동치게 만들었다. 특히 황제 카를 5세는 이제 제국 내에서 절대적인 1인자로 군림할 수 있게 되었다. 프리드리히 선제후가 독일 선제후들의 구심점이었을 뿐만 아니라 군사적으로나 경제적으로도 가장 강력했기 때문에 황제는 '선거 협약'의 규정을 철저히 지켜야만 했다. 게다가 현공이 루터를 보호하고 있음이 공

공연한 비밀이었지만, 그렇다고 해서 황제는 아무 말도 못하고 혼자 끙끙 앓고 있었다. 그러다가 이제 드디어 이런 상황을 뒤집을 반전의 기회가 온 것이다. 그리고 그 계획은 1529년 제국의회에서 실행에 옮겨졌다.

반면 프리드리히 선제후의 부재는 종교개혁 진영에 커다란 균열을 불러일으켰다. 프리드리히 현공이 가지고 있던 선제후 권한은 현공과 함께 작센을 통치했던 동생 요한 프리드리히에게 승계되었기 때문에 법적으로 크게 바뀐 것은 없었다. 문제는 선제후 요한이 프리드리히 현공과 같지 않았다는 점이다. 그는 전통적으로 신성로마제국과 합스부르크 왕가를 배신하지 않는다는 친(親)황제적 정치를 펼쳐 왔던 작센의 전통을 중요시하여 종교개혁에 적극적이지 않았다.

한편 헤센의 방백 필립 1세가 소극적인 요한 선제후와 정면으로 충돌했다. 필립 1세는 13세의 나이에 막시밀리안 황제가 헤센의 방백으로 인정할 정도로 명석했다. 그의 나이 17세 때에는 보름스에서 재판 받던 루터에게 "만약 당신이 옳다면 하나님은 당신 편에 서 있을 것이다"라고 위로했다. 그는 후일 멜랑히톤을 통해 종교개혁의 길에 합류했고, 프리드리히 현공의 빈자리를 채웠다. 요한과 다르게 급진적인 성격의 소유자였던 그는 선제후 요한과 갈등을 빚게 되었다. 그리고 이들의 갈등은 1529년 슈파이어 제국의회 이후 종교개혁파들에게 가해진 정치적 압력에 대한 대응 방안을 찾는 과정에서 폭발하였다.

요한 선제후는 황제가 무력적인 압력을 가할 경우 전통에 따라 작센주를 중심으로 브란덴부르크, 안스바흐, 뉘른베르크까지의 소규모 종교개혁 연합을 구상하였다. 만약 조금 더 연합의 범위를 확장한다면 자유 도시 프랑크푸르트 위쪽인 헤센 방백 국까지 포함할 생각이었다. 그러니까 그는 독일 남부와 스위스 지역의 반황제파들이 루터의 종교개혁을 이용하는 것에는 동조하고 싶지 않았다. 게다가 스트라스부르크나 취리히 신학자들이 이단적인 신학 해석을 한다는 소문 때문에 선제후는 그들과 연합을 도모할 수 없었다.

반대로 급진적이며 강경한 필립 1세는 비텐베르크를 위시한 북독일-헤센-울름-스트라스부르크-스위스를 연결하는 범프로테스탄트 동맹을 결성하여 황제의 탄압에 강력히 맞서야 한다고 주장했다. 필립 1세의 이러한 계획은 스트라스부르크의 정치가 슈투름Jakob Sturm과 신학자 마르틴 부처Martin Buccer를 만나며 더욱 구체화되었고, 그 첫 단계로 마르틴 루터와 울리히 츠빙글리Huldrych Zwingli의 신학적 조율이 필요하다는 점에 공감하게 되었다. 이러한 그들의 노력은 1529년, 종교개혁 역사에서 유일한 종교개혁자들의 공식적 만남인 마부르크 신학 대담으로 이어졌다.

신성로마제국이 1529년 2차 슈파이어 제국의회와 1530년 아우크스부르크 제국의회를 통해 종교개혁 진영을 정치적으로 탄압하자 그들은 1531년 2월 슈말칼덴에 모여 동맹을 맺었다. 여기에서 필립 1세의 의견과 요한의 계획이 절충된 스위스를 제외한 프로테스탄트 동맹이 체결되었다. 취리히의 츠빙글리는 루터와 성만찬에 대한 견해 차이를 좁히지 못하여 이 동맹에 참여하지 못하였다.

2) 제1차 슈파이어 제국의회(1526년 6월 25일~8월 27일)

카를 5세 황제는 외교적인 문제뿐 아니라 교황과의 갈등, 변방 스페인 출신이라는 한계 등의 이유로 제국 전체를 지배하고 다스리지 못하는 형편이었다. 결국 그는 동생인 페르디난트 1세와 제국을 분할하여 통치하였다. 카를 5세는 자신의 정치적 배후인 벨기에, 네덜란드, 룩셈부르크, 스페인, 포르투갈, 이탈리아를 비롯하여 새롭게 발견되는 신대륙에 중점을 두었고, 페르디난트 1세는 합스부르크 왕가의 중심인 오스트리아와 보헤미아, 티롤, 헝가리 등과 함께 황제 부재 시 제국 정부 위원회의 수장으로서 독일 지역을 통치하였다. 16세기 초 제국의 정치적 균형은 이렇게 유지되고 있었다. 그러나 이 균형은 프랑스와 오스만 제국의 위협으로 인해 오래가지 못하였다.

북이탈리아를 공격한 프랑스나, 헝가리로 진격하는 오스만 제국 모두 신성로마제국 카를 5세 황제에게는 엄청난 위협이었다. 북이탈리아를 프랑스가 점령하면 로마는 물론 스페인까지 위험한 상황에 놓이게 된다. 로마는 신성로마제국의 정체성과 연결되어 있기 때문에 그 중요성은 이루 말할 수 없을 정도였다. 비잔틴제국을 무너뜨린 오스만 제국의 침략 역시 신성로마제국에게는 또 다른 위협이었다. 세르비아의 베오그라드 다음은 헝가리였고, 그다음은 오스트리아 비엔나였다. 이러한 절체절명의 순간 카를 5세 황제는 신성로마제국의 정체성을 지키는 쪽을 선택하였다. 왜냐하면 헝가리 전선에 그의 동생 페르디난트 1세가 있었기 때문이다. 그러나 문제는 페르디난트 1세가 오스만 군대를 막기에 역부족이라는 것이었다. 헝가리와 크로아티아까지 영토 확장을 꿈꾸고 있었던 페르디난트의 입장에서는 이러한 상황이 매우 곤혹스러웠다. 오스만 대군을 헝가리에서 막아내지 못한다면 황제가 되려는 그의 꿈이 위협받을 수 있었기 때문이다. 이 순간 그가 필요한 것은 군대였다. 그리고 그 군대를 보내줄 수 있는 나라는 작센 공국을 비롯한 독일 선제후들뿐이었다.

1526년 6월 25일 페르디난트 1세는 제국 정부 위원회의 수장으로 독일 슈파이어에서 독일 지역 선제후들의 군사적 지원을 위한 제국의회를 개최하였다. 그러나 작센의 선제후 요한을 필두로 하는 개신교 선제후와 영주들은 먼저 1521년 발효된 보름스 칙령에 대한 재논의를 원했다. 하루속히 발등에 붙은 불을 끄기 원했던 페르디난트 1세는 결국 개신교 선제후들과 영주들의 요구를 받아들여 아래와 같은 결정을 하였다.

- 보름스 칙령에 대한 관용
- 24,000명의 헝가리 파병

Johann Schreier, 〈모하치전투〉 ⓒ위키피디아

물론 두 번째 조항은 결정된 지 이틀 후인 1526년 8월 29일, 헝가리 모하치 전투에서 베오그라드를 뚫고 올라오는 오스만 제국 군대를 막지 못하고 헝가리 군대가 완패함으로 그 필요성이 사라져 버렸다. 결국 파병은 이루어지지 못했고, 보름스 칙령만 완화된 셈이다. 이를 계기로 필립 1세의 헤센이나 멤밍엠, 스트라스부르크 등 많은 도시와 제후들이 공식적으로 다시 종교개혁을 진행할 수 있었다.

3) 1529년 제2차 슈파이어 제국의회(1529년 3월 15일~4월 22일)

한 손에 저항의 글을 들고 있는 요한 선제후, 저항기념교회 스테인드글라스 ©위키피디아

　개신교 영주들의 군사지원 계획은 모하치 전투에서 러요시 2세가 이끄는 헝가리군이 완패하면서 결국 무산되고 말았다. 그 결과, 헝가리는 분열하게 되어 페르디난트 1세가 통치하는 왕령 헝가리, 헝가리 귀족 출신인 야노시 Szapolyai János를 왕으로 추대한 북부 트란실바니아 공국 그리고 오스만 제국이 통치하는 헝가리로 분할되었다.

　페르디난트 1세에게는 그동안 공들인 '헝가리'라는 공든 탑이 무너져 버린 순간이었다. 게다가 1526 제국의회 결정인 '보름스 칙령에 대한 관용' 때문에 독일에서 루터를 지지하는 영주들과 도시들이 점점 늘어나 1529년에는 6인의 제후와 14개 도시가 공식적으로 루터를 지지하고 있었다. 설상가상으로, 루터의 영향을 받은 농민들의 봉기가 독일어권 지역에서 전쟁의 수위로 치달았다. 결국 카를 5세는 1529년 다시 한번 제국의회를 소집했다. 당시 황제는 여전히 북이탈리아에 발이 묶여 있기에 동생인 페르디난트 1세를 대리자로 내세웠다. 제2차 제국의회에는 제1차 제국의회 이후 루터교로 개종한 6인의 제후와 16개 도시가 함께하였다. 그들이 묵었던 곳에는 각 도시의 문장을 알리는 깃발이 세워졌고, 그 깃발들 사이에 "주님의 말씀은 영원하다"라는 라틴어 약자 "V.D.M.I.AE.(Verbum Domini Manet In Aeternum)"가 쓰인 깃발이 높이 펄럭였다. 그뿐 아니라 작센의 요한 선제후와 헤센의 필립 공은 제복 소매에 이 모토를 수놓아 자신들의 정체성을 잊지 않으려 노력하였다. 그러나 제국의회 참석자들 가운데 루터를 추종하는 제후들과 영주는 극소수에 불과했다. 다수결로는 이들의 어떠한 의견도 받아들여질 수 없는 그런 상황이었다.

1529년 3월 15일 제국의회는 황제의 대리자인 보헤미아와 오스트리아 왕 페르디난트 1세가 황제를 대신하여 개회사 및 의제들을 대독하며 시작되었다.

"1526년 제국의회에서 결정된 모든 사항은 오해로 인해 결정된 쓰레기 같은 것으로 폐기한다. 잘못된 신앙으로 유혹하는 자들은 제국에서 추방할 것이고, 추후에 소집될 종교회의Synod 전까지 모든 새로운 시도는 금지한다. 지금까지 (루터에 대한) 보름스 칙령을 지켰던 이들은 앞으로도 계속 그 칙령을 지켜 나가야 할 것이다. 반면 보름스 칙령을 지키지 않았던 지역에서는 더 이상의 새로운 것을 시도하지 말아야 하며, 누구도 미사 드리는 것(가톨릭 예배)을 막지 말아야 한다. 그리스도의 몸과 피의 성찬을 부정하는 이단들은 이제 재세례파처럼 절대로 용납되어서는 안 된다."[8]

루터를 추종하던 제후들과 영주들, 도시들에게는 청천벽력과도 같은 결정이었다. 그들은 오스트리아 왕과 가톨릭 제후들과 영주들을 설득하며 방법을 찾았지만, 절대적 다수였던 구교도들과 페르디난트를 설득하지 못하였다. 4월 12일 일단 서면으로 자신들의 의견을 의회에 전달하였고, 19일에는 페르디난트 왕 앞에

저항하는 슈파이어 ⓒ위키피디아

서 재차 구두로 설명하였다. 그러나 이 모든 것이 헛수고였다. 4월 19일, 1526년 제국의회의 결정들이 다수 의석을 차지하고 있는 구교도들에 의해 무효화되었다.

아무런 방법을 찾지 못하자 루터를 따르는 이들은 이제 최후의

방법으로 자신들의 상황을 대변하는 "저항의 글"을 발표하였다. 표지를 포함하여 20페이지 분량으로 작성된 이 글은 루터와의 서신을 통해 이와 관련된 정보를 나누었던 작센의 수상 그레고르 브뤼크가 작성한 것으로, 복음적인 제국 영주들의 법적 권리와 신앙고백이 합쳐진 형태로 구성되었다. 전체 글이 완성된 후 제후들과 영주들, 도시 대표들이 모두 서명하였는데, 이때 자유 도시 프랑크푸르트와 새롭게 가톨릭의 중심지로 자리 잡은 쾰른은 서명하지 않았다. 이 책에는 전체 20페이지 중 편집된 본문을 번역하여 수록하였다.

복음적인 제국 영주들의 항변,
1529년 4월 20일 슈파이어 제국의회

"저희는 전하 폐하와 존경하는 제후분들께서 지난번 우리가 정중히 요청한 것처럼 우리를 관대히 이해해 주시기를 기대하고 있습니다. 이미 제국의회에서 여러 번 언급되었던 것처럼, 1526년 제국의회의 결정을 철회한다는 다수의 의견을 저희는 찬성하지 않습니다. 왜냐하면 1526년 제국의회에서 결정된 사항은 만장일치로 결정된 사항이기 때문입니다. 이렇게 적법하고 공평하며, 명예롭게 만장일치로 결정된 사항은 만장일치의 결정이 아니면 수정되거나 변경될 수 없습니다. 하나님의 영광, 우리 영혼의 구원, 축복에 관한 문제에 대해서 우리 모두는 공평하게 스스로 각자 하나님 앞에 서서 고백해야 합니다. 여기에는 어느 누구도 소수나 다수가 도출한 협상이나 결정을 근거로 자신을 변호할 수 없습니다.

전하 폐하와 존경하는 제후분들께 이번 세 번째 항변도 받아들여질 가능성이 없기 때문에 우리들은 우리의 마음을 감찰하시고, 우리를 인정해 주시며, 공정으로 우리를 심판하시는 우리 모두의 창조자요, 보호자이며, 구원자이고, 우리를 축복하시는 하나님 앞에 공개적으로 항변(Protestation)하며 고백합니다. 또한 모든 피조물과 사람들 앞에서 우리들은 하나님과 거룩한 말씀, 영혼 구원과 선한 양심에 반하거나 앞서 1526년에 인용된 슈파이어 제국의회의 모든 결의에 반하여 합의된 모든 협상과 결정된 조항들을 거부합니다.

오히려 우리는 이 모든 것이 법적으로나 여타 다른 정당한 이유 때문에 효력이 없으며 법적 구속력이 없다고 판단하였고, 이에 대한 반대를 공개적으로 문서화할 필요성을 느꼈습니다. 또한 이 문제에 대해 우리의 지극히 은혜로우신 우리의 로마 황제 폐하께 더욱 철저하고 진실된 보고를 드리려고 합니다. 이에 우리는 어제(4월 19일)의 결정 후 곧바로 항의문(Protestation)을 작성하였으며, 이 항의문을 통해 모든 것을 다시 한번 공개적으로 알립니다."[9]

6인의 제후와 16인의 영주 및 자유 도시 대표들의 항변은 받아들여지지 않았고, 제국의회가 보름스 칙령에 대한 결정은 바뀌지 않았다. 그러나 이 순간은 '프로테스탄트'라는 개신교 정체성의 탄생을 세상에 알리는 순간이었다.

3. 우리는 프로테스탄트다!

항의Protestation는 종교개혁이 진행되던 16세기 제국의회에서 정당한 자신의 주장이 받아들여지지 않을 때 행해지던 절대 권력을 향한 마지막 변론의 방법이었다. 1523년 뉘른베르크 제국의회에서 작센의 프리드리히 선제후는 루터를 추방하라는 보름스 칙령을 자신의 영토 작센 공국에서 받아들일 수 없다고 항의Protestation하였다. 이에 대해 그의 후임인 요한 선제후가 1529년 제2차 슈파이어 제국의회 때 복음주의 영주들 앞에서 재차 언급하였다. 또한 마르틴 루터도 1528년 이러한 방법에 대해 작센의 수상 브뤼크Gregor Brück에게 서신을 통해 설명하였다.

슈파이어 제국의회에서 선포된 항의서는 교회사적 관점에서 몇 가지 특징을 가지고 있다.

첫째로, 슈파이어 제국의회 항의서는 세상의 권력인 황제에게만 호소하는 것이 아니었다. 만약 황제를 향한 호소라면 법적인 권리를 주장하였겠지만, 그들은 법적인 권리만을 주장한 것이 아니라 영광과 구원, 축복과 공평의 하나님 앞에 호소하였던 것이다. 그들의 항변은 신앙인으로 하나님 앞에 외쳤던 호소였다.

두 번째 특징은 이 항의서가 제국의회 결정을 거부하는 항의를 뛰어넘어 그들 자신의 신앙을 고백하고 있다는 것이다. 슈파이어 제국의회에 모인 복음주의 영주들은 "왜 자신들이 의회의 결정을 받아들일 수 없는 것인가"에 대한 근본적인 이유가 바로 인간은 하나님 앞에 서 있는 피조물이기 때문이라는 점을 강조하였다. 마치 보름스 법정에서 '말씀'을 바탕으로 마지막 변론을 했던 루터처럼, 그들 숙소 앞에 펄럭이는 깃발에 써 있던 말씀처럼 그들의 심장에는 '영원한 하나님의 말씀'이 자리 잡고 있었던 것이다. 그래서 그들이 결의한 항의서는 황제를 향한 외침이 아니라 하나님 앞에 선언한 신앙고백이었던 것이다.

마지막으로 이 항의서는 한 명의 종교개혁가의 외침이 아닌, 말씀을 따르려는 '복음주의 영주들의 집단적인 항의서'라는 측면에서 큰 의의를 갖는다. 1521년 루터는 보름스 제국의회 법정에서 홀로 황제 앞에서 자신을 변론하였다. 그러나 여기 슈파이어에서는 6인의 영주들과 14인의 도시 대표들이 함께 항의하였다. 이제 종교개혁은 이 항의서를 통해 여러 사람이 함께 이끄는 '우리'라는 집단적 종교개혁으로 확장되게 되었다. 이렇게 복음주의 영주들은 운명적 신앙 공동체가 되었고, 1555년 아우크스부르크 제국의회에서 '루터교'는 공식적인 인정을 받을 수 있었다.

이 항의Protestation의 정신과 신앙고백이 개신교의 정체성이 자리 잡기까지는 수백 년의 시간이 필요했다. 슈파이어의 항의서가 역사적으로 처음 재소환되었던 때가 루터의 종교개혁 백 주년이 되던 1617년이었다. 때는 30년 전쟁(1618~1648)이 발발하기 바로 전이었다. 이 종교 전쟁을 역사가들은 역사상 최초의 제1차 세계대전이라고 평가하는데, 그 이유는 프랑스, 영국, 스웨덴 등의 다국적 군대가 독일 영토 내에서 전쟁을 벌였기 때문이다. 그 과정에서 가톨릭 사제들은 개신교도들을 이단으로 규정하였고, '프로테스탄트'라고 부르며 조롱하였다. 30년 전쟁이 1648년 베스트팔렌 조약을 통해 끝이 난 후 유럽에서는 루터교뿐 아니라 개혁교회나 장로교 등 여러 종파가 생겨났다. 문제는 각 나라에서 여전히 구교와 신교의 종교 갈등이 계속되었고, 모든 권력을 잡고 있었던 구교는 개신교도들을 탄압하였다. 그들이 갈 수 있었던 곳은 독일뿐이었다. 이후 독일에는 루터교뿐 아니라 다양한 교파들이 연합한 연합교회들이 생겨났다. 이들을 '개신교'라는 테두리 안에서 하나로 묶을 수 있었던 것이 바로 프로테스탄트의 정신이었다. 이렇게 프로테스탄트는 조롱의 단어에서 개신교 정체성이 되었다.

4. 농민전쟁의 현장, 멤밍엔Memmingen

인구 4만의 작은 도시 멤밍엔은 한국인에게 다소 생소한 도시다. 도시에 웅장한 대성당이 있는 곳도 아니고, 멋진 명화나 예술 작품이 있는 곳도 아니다. 또한 루터가 방문했던 도시도 아니다. 오히려 역사적으로 암울한 역사를 가진 도시 중 하나다.

바이에른주에 위치한 멤밍엔은 독일의 다른 중소도시들처럼 로마 시대를 기점으로 도시의 형태를 갖추기 시작했고, 제국의 도시 아우크스부르크의 영향 아래 기독교화되었다.

마르틴 루터가 신성로마제국 황제와 교황, 독일 제후들과 전 유럽을 향해 종교개혁의 깃발을 펼쳤다면, 이와 동일한 종교개혁이 이곳 멤밍엔에서는 샤펠러Christoph Schappeler라는 스위스 출신 신학자를 통해서 이루어졌다. 복음을 강조했던 샤펠러는 말씀을 통해 장원제도의 병폐로 생겨난 농민 착취와 사회문제를 해결하려고 노력하였다. 그의 개혁운동은 마르틴 루터의 종교개혁과 같이 맞물려서 날개를 달았고, 멤밍엔은 종교개혁의 축소판이라고 할 만큼 시민들은 종

멤밍엔시 광장, 뒤에 보이는 교회가 성마틴교회 ⓒ위키피디아

교개혁을 갈망하였다. 당시 사회의 80%를 차지했던 농민들은 마르틴 루터와 샤펠러의 설교를 통해 복음에 눈을 뜨게 되었고, 루터의 『9월 성경』을 접하면서 말씀으로 거듭난 삶을 살려고 노력하였다. 이곳 멤밍엔은 프리드리히 선제후와 많은 영주가 선봉에 섰던 마르틴 루터의 종교개혁과는 다르게 시의회와 시민들의 길드가 종교개혁의 중심에 서 있었다.

그러나 두 종교개혁자는 농민전쟁을 기점으로 서로 다른 종교개혁의 길을 걷게 되었다. 루터는 당시 폭력으로 전복하려는 농민들을 비판함으로 복음주의 영주들에게도 농민들과 전쟁할 수 있는 근거를 마련해 주었다. 반면 샤펠러는 농민들이 교회 운영과 농노제도의 불평등 조항 개선, 토지제도 및 조세 개혁과 법률에 의한 재판권

신학자 크리스토프 샤펠러 ⓒ위키피디아

확보 등에 대해 '12개 조항Zwölf Artikel'을 채택하는 순간, 그 중심에서 농민들과 함께 농노제도 개혁에 앞장섰다. 당대 똑같은 종교개혁에 대한 동일한 열정을 가진 두 명의 종교개혁가가 당대의 사회문제에 대한 서로 다른 견해와 대응을 바탕으로 두 종교개혁을 비교하며 생각해 보는 것도 의미 있을 것이다. 더욱이 이 농민전쟁은 루터의 어두운 모습으로 지금까지도 기억되고 있기 때문에, 이 멤밍엔을 방문하여 그 역사의 일면을 살펴보고 생각해 보려고 한다.

이러한 역사를 배경으로, 멤밍엔에서는 구시가지 북서쪽에 위치한 가장 오래된 성마틴교회에서 루터보다 먼저 종교개혁을 향해 움직이고 있었던 샤펠러 목사의 종교개혁에 대해 살펴본다. 또한 종교개혁사에서는 비극적인 한 장면인 농민전쟁의 선봉에 섰던 멤밍엔 길드조합을 찾아가 당시의 상황과 모습을 회상해 보려고 한다.

1) 멤밍엔 종교개혁의 중심, 성마틴교회

멤밍엔 구시가지 북서쪽에 위치한 성마틴교회는 9세기 독일에서 가장 오래된 귀족 가문 중의 하나인 작센과 바이에른 공국, 오토 4세 황제를 배출한 벨프 왕조에 의해 바실리카교회로 건축되었다. 이후 시간이 지나며 도시 인구의 증가와 함께 증·개축을 반복하였고, 오늘의 모습은 인구 유입이 가장 많았던 14~15세기에 완성되었다. 제단 뒤의 종탑과 성가대석이 이 시기에 개축되었는데, 당시 이곳에 봉헌된 후기 고딕 양식의 성가대석은 울름과 콘스탄츠 대성당과 함께 가장 오래된 것으로 평가된다.

성마틴교회는 스위스 출신 신학자 샤펠러가 1513년 설교자로 임명되면서부터 멤밍엔 종교개혁의 중심에 서게 되었다. 이

후기 고딕 양식의 성가대석

시기는 마르틴 루터가 종교개혁을 시작하기 이전이다. 샤펠러 목사는 약한 자, 가난한 자와 함께하는 것이 복음이라고 믿었으며, 그 신념에 따라 말씀을 선포하였다. 그의 종교개혁적 의지는 후일 마르틴 루터의 종교개혁을 접하면서 더욱 굳어졌다. 다른 종교개혁 도시들과는 다르게 샤펠러는 루터의 『9월 성경』을 가지고 평신도 성경 공부를 시작하였다. 물론 그의 개혁적인 목회관을 도시 전체가 찬성하지는 않았다. 이곳은 아우크스부르크 주교 교구에 속하는 곳이었고, 가톨릭 신부들은 시 위원회에서 샤펠러의 설교와 이단적인 행동을 제재해야 한다고 압력을 가했다. 그러나 이 사항에 대해 시 위원회는 결론을 내지 못한 채 시간은 흘러갔다.

멤밍엔이 본격적으로 종교개혁에 박차를 가하게 된 시기는 바로 종교개혁의 2막이 진행되었던 1520년대였다. 샤펠러는 천주교 목사인 메르게리히와 1525년 1월 멤밍엔 시청사에서 신학 논쟁을 벌였는

데, 모든 주세에 대해 말씀을 근거로 논증한 샤펠러가 압도적인 승리를 거뒀다. 또한 1526년 슈파이어 제1차 제국의회에서 각 도시가 보름스 칙령에 대해 스스로 정할 수 있도록 한 결정을 바탕으로, 멤밍엔 시의회는 본격적인 종교개혁을 추진했다. 아쉽게도 샤펠러는 농민전쟁 중 멤밍엔이 농민들을 현혹하여 전쟁을 일으킨다고 규정했던 슈바벤 가톨릭 연맹의 군사작전을 피해 스위스로 탈출하였다. 그러나 그가 뿌린 복음의 씨앗은 시민들의 마음속에서 싹을 틔웠고, 샤펠러 목사가 없었던 상황에서 시의회는 시민 연합인 길드와 연합하여 종교개혁을 결의하였다. 1531년 멤밍엔은 슈말칸덴 복음주의 연합에 가입하여 종교개혁의 최전선에 서게 된다.

2) 기독교적 자유와 평등의 사회를 꿈꾼 농민들, 농민전쟁

성마틴교회에서 나와 과거 와인 시장이 열렸던 Weinmarkt 길로 내려가면 시 중심을 흐르는 작은 하천인 아흐Ach와 접해 있는 주홍색 건물이 눈에 들어온다. 이 건물은 16세기 종교개혁과 농민전쟁이 진행되었을 당시 상인 조합이 있었던 곳으로, 이곳에서 자유와 평등의 새로운 사회를 꿈꾸었던 농민들이 민주적 방식으로 '12개 조항'을 스스로 결정하였다. 이 건물 벽에는 당시의 역사를 알리는 현판이 걸려 있다.

    농민전쟁은 1524~1525년 독일 중부와 남부를 중심으로 스위스까지 확대된 독일 최초의 계급 전쟁이다. 당시 전체 인구의 80%를 차지했던 농민들은 노예는 아니었지만 중세 유럽의 장원제도의 병폐로 30%의 소작료와 보호세, 사망세, 인두세 등으로 인한 불평등과

착취의 삶에 찌든 노예의 삶을 살았다. 이에 농민들은 13세기 후반부터 스위스와 프랑스, 영국 등 유럽 전역을 아우르며 크고 작은 봉기를 일으켰는데, 그 최고의 정점이 바로 독일 농민전쟁이었다.

16세기 초 독일 농민전쟁은 이전 농민 봉기들과 그 성격이 다르다. 당대이전의 대부분의 농민전쟁이 중세 유럽 봉건 사회 내 장원제도에 따른 농노들의 처우 개선을 위한 봉기 였다면, 16세기

상인조합 건물 벽에 있는 '12개 조항' 벽화

에는 이러한 농노들의 사회적·경제적 상황의 참담함 뿐만 아니라 새로운 국가 출연에 따른 정치적 문제, 더 나아가 마르틴 루터의 종교개혁을 계기로 새롭게 조명될 수밖에 없었던 종교적인 문제 등 여러 가지 문제가 다각적으로 결합되어 발생했기 때문이다. 마르틴 루터의 종교개혁은 그동안 억눌려 있었던 하층 계급의 억압과 분노를 폭발시켰다. 여기에 루터에게 영향을 받은 토마스 뮌처 Thomas Münzer 나 샤펠러, 츠빙글리를 추종했던 미샤엘 가이스마이어 Michael Gaismair 등의 종교개혁가들이 농민들과 함께하였다.

농민전쟁에 가담했던 사람들은 총 30만 명으로, 분노한 농민들은 도시와 성, 수도원과 교회 등을 무력으로 점령하였고, 그 최선봉에 멤밍엔이 있었다. 샤펠러 목사는 농민들과 함께 교회 운영과 농노제도의 불평등 조항 개선, 토지 및 조세 개혁과 법률에 의한 재판권

확보 등에 대한 '12개 조항Zwölf Artikel'을 채택하며 조직적으로 사회개혁에 앞장섰고, 그들의 12개 조항은 전 유럽으로 인쇄되어 퍼져갔다. 이 12개 조항은 그동안 마음속에 억눌러 왔던 피지배계층의 울분과 분노를 폭발시켰다.

> **기독농민연합이 요구했던 12개 조항**
> 1. 목회자 청빙권의 개혁
> 2. 성경에 근거한 십일조 개혁
> 3. 농노제도의 폐지
> 4. 사냥과 고기잡이의 허용
> 5. 산림에 대한 공동사용권 허용
> 6. 강제 부역의 제한
> 7. 농민과 합의를 통한 강제 부역
> 8. 세제 개혁
> 9. 성문법에 의거한 재판과 사형제 폐지
> 10. 영주의 불법 점유 토지의 반환
> 11. 사망세 폐지
> 12. 하나님의 말씀에 위배된 내용은 즉시 철회할 것이다.

문제는 농민전쟁을 이끌고 있는 많은 신학자나 농민들이 루터의 영향을 받아, 복음을 바탕으로 교회뿐만 아니라 사회 전체의 개혁을 희망했다는 것이다. 게다가 루터는 1520년 발표한 "독일 민족의 그리스도인 귀족들에게 고함"에서 하나님의 정의를 위한 비상 상황에서의 폭력을 인정했다. 여기에 영향을 받은 제국의 기사단들은 파펜

전쟁Paffenkrieg을 통해 트리어를 공격하였고, 농민들은 농기구를 손에 들고 거리로 나왔다.

폭력이 점차 확산되자 루터는 난감했다. 특히 복음주의 영주들과 교회, 수도원 등도 역시 개혁을 요구하며 진격하는 농민들의 목표가 되자 루터는 더욱더 궁지에 몰리게 되었다. 루터를 지지하는 영주들은 자신들을 공격하는 농민들을 향해 무력 대응을 고민하였지만 행동에 옮기지 못하였다. 왜냐하면 농민들도 루터의 이름을 걸고 말씀에 따라 행동하

루터, 『강도와 살인을 일삼는 농민에 반대하며』 ©위키피디아

였기 때문이다. 그들의 폭력에 루터가 면벌부를 준 셈이었다.

농민들의 폭력이 더욱더 잔인해지고 전 독일로 확산되자 루터는 1525년 4월 "쉬바벤에 있는 농민연맹의 12개 조항에 관한 평화를 위한 경고"를 통해 농민들의 폭력적 행동을 공식적으로 반대하였다. 그들의 요구가 합리적이고 정당할지라도, 말씀에 근거하여 폭력적 행동을 정당화할 수 없음을 강조하였다. 루터의 결정은 공격을 받는 복음주의 영주들이 반격할 수 있는 근거가 되었다. 그러나 농민들에 의해서 영주들이 살해되고 수도원들이 파괴되었다는 보고를 받은 루터는 더욱 강경하게 농민들의 행동에 반대하는 글을 썼다. 한 달 뒤인 5월 1일 루터는 『강도와 살인을 일삼는 농민에 반대하며』

상인 조합과 12개 조항을 알리는 건물 입구 현판

라는 책에서 "… 공개적으로 또는 비밀리에 누군가 할 수 있다면 농민들을 찌르고 목 졸라라. 이것은 악마적인 것도, 독소적이것이나 유해한 것도 아니다. 왜냐하면 이들은 그냥 때려죽여야 하는 개와 같은 폭도들이기 때문"이라고 농민들을 강하게 비판하였다. 루터는 여기에서 폭력을 진압하기 위해 다시 폭력을 사용할 것을 언급하였는데, 이것이 신성한 질서를 지키기 위한 어쩔 수 없는 선택임을 강조했다.

　루터가 이렇게 불평등한 사회개혁에 눈을 감을 수밖에 없었던 이유는 그의 두 왕국론 때문이었다. 루터가 이해했던 두 왕국은 하나님의 말씀과 성령에 의해 사람들의 영혼을 통치하고 다스리는 교회와 법과 질서를 통해 사람들의 외적 행위를 다스리는 세속 왕국으로 나뉜다. 중요한 것은 이 두 왕국 모두가 하나님의 통치 아래 있다는 것이다. 루터는 불평등을 바로잡는 사회개혁보다는 하나님의 통치가 이뤄지는 세속적 권력과 질서가 유지돼야 함을 강조했던 것이다.

　루터의 입장이 분명해지자 복음주의 영주들은 가톨릭 영주들과 연합하여 농민전쟁을 승리로 이끌었다. 농민들이 요구했던 '12개 조항' 중 영주들에게 받아들여진 것은 하나도 없었고, 약 10만 명의 농민들이 학살당했다. 그렇게 농민전쟁은 결국 아무런 변화를 만들어

내지 못했다. 다만 16세기 근대 국가 개념이 발전하면서 농민의 권리와 착취에 대한 소작농 보호 법안은 '소출 향상을 위한 능률적인 소작농'이라는 차원에서 관심을 갖기 시작했다.

 전체 인구의 80%를 차지하고 있었지만 노예와 같은 삶을 살았던 농민들은 루터의 종교개혁을 통해 사회를 바라보는 눈을 떴고, 루터가 번역한 『9월 성경』으로 복음서를 읽으며 영적인 눈을 뜨게 되었다. 그들은 복음을 바탕으로 억압과 착취의 신분 구조를 바꾸려고 했고, 그들의 요구는 민주적 과정을 통해 '12개 조항'으로 표출되었다. 이는 단순히 불평등한 농노제도의 개선이 아닌 복음을 바탕으로 한 새로운 신앙, 자유롭고 평등한 새로운 사회에 대한 요구였다. 그렇기 때문에 농민전쟁을 단순한 계급투쟁으로만 보는 것이 아니라, 17세기에 발발한 종교 전쟁인 30년 전쟁의 서막으로도 해석한다. 뿐만 아니라 민주적인 절차를 통해 결정된 '12개 조항'은 민주주의를 향한 첫걸음으로 인식된다. 더 나아가 마르크스주의 역사학자들은 농민전쟁을 '독일 최초의 시민혁명', '사회주의 혁명의 근대적 시초'라고 평가한다.

슈파이어와 멤밍엔
돌아보기

차를 가지고 여행하는 제일 큰 장점은 여유 있는 여행일 것이다. 노천 카페에서 커피를 마시거나 강변을 산책하고, 방문 도시 주변에 있는 관광객이 많이 안 가는 또 다른 분위기의 숨겨진 관광 명소를 찾아가는 것 등 여행의 추억을 풍성하게 해 주는 여러 가지 요소가 있다. 슈파이어에서 대성당과 프로테스탄트기념교회를 방문한 후 14km 정도 떨어진 슈베칭엔 성을 들렀다 가는 것은 어떨까? 만약 스케줄이 허락한다면, 이곳 슈베칭엔성 앞에 있는 카페에서 여유 있게 독일식 아침을 먹어보는 것도 추천한다.

슈파이어대성당 Domplatz, 67346 Speyer
프로테스탄트기념교회 Martin-Luther-King-Weg 1, 67346 Speyer
슈베칭엔성 Schloß Mittelbau, 68723 Schwetzingen

멤밍엔은 종교개혁 순례에서 거의 방문하지 않는 도시 중 하나다. 그러나 아우크스부르크를 가는 중간에 있기 때문에 잠깐 방문하여 당대의 농민전쟁과 루터의 종교개혁 노선 변경 등을 생각해 보면 큰 의미가 있는 도시로 기억될 것이다.

성마틴교회 Martin-Luther-Platz 8, 87700 Memmingen
상인 연합 Weinmarkt 15, 87700 Memmingen

멤밍엔에서 아우크스부르크로 가는 경로는 다양하다. 다른 곳을 거치지 않고 바로 갈 수도 있지만, 이곳 바이에른주가 가지고 있는 다양한 관광지를 그냥 지나칠 수 없을 것이다. 그리고 남쪽으로 약 100km만 내려가면 스위스이기 때문에 취리히, 성갈렌교회, 백조의 성 등 선택의 폭이 다양하다. 그중 제일 추천하는 것은 왕의 호수다. 물론 왕의 호수를 가려면 일단 아우크스부르크를 지나 오스트리아로 더 내려와야 한다. 그러나 왕의 호수에 발을 담그는 순간, 순식간에 그 수고를 보상받고도 남을 것이다.

시청 광장

프랑크푸르트
마인츠
오펜하임
보름스
하이델베르크
슈파이어

아우크스부르크

멤밍엔

루터가 머물렀던
성안나교회

루터의 심문이 있었던
푸거 하우스

4장

종교개혁의 완성,
아우크스부르크

1555년 9월 25일 루터교가 신성로마제국에서 공식 인정되었다. 1517년 10월 31일 비텐베르크 성문교회에서 시작된 종교개혁이 이날 아우크스부르크 제국의회에서 완성되었다. 목숨을 내놓고 달려왔던 38년이라는 시간에 마침표가 찍히는 순간이었다. 그 시간 속에는 이곳 아우크스부르크에서 루터가 심문 받던 시간도 있었고, 황제와 세상 앞에 신앙고백을 선언하던 시간도 있었다. 물론 신앙고백이 의회에 제출되는 순간에 루터는 제국 추방령을 받은 입장이라 함께하지 못했다. 그래도 그는 코부르크성Veste Coburg에서 이곳 아우크스부르크에서 목숨을 걸고 싸우고 있는 형제들을 응원하며 종교개혁이 성공하는 이날을 꿈꾸었을 것이다.

1. 로마의 도시 아우크스부르크 Augsburg

아우크스부르크는 기원전 황제의 이름을 차용하여 조성된 군사 도시로, 독일에서 가장 오래된 도시 중 하나다. 고대 시대 아우크스부르크는 마인츠까지 연결되는 '로마의 길' 중심에 위치하여 로마제국과 알프스 북부 지역을 군사 및 경제적으로 연결하는 중추 도시로 성장하였다. 이후 중세에는 왕의 길을 기반으로 동유럽과 서유럽을 연결하는 무역 허브로 발전하여 상업의 중심 도시로 성장하였다. 이를 배경으로 아우크스부르크에는 무역과 은행업을 기반으로 한 푸거 가문, 벨저 가문과 같은 신성로마제국 내 유력한 금융 지주들이 발달하였다. 야콥 푸거는 16세기 유럽에서 가장 부유한 은행가로, 로마 교황청은 물론 신성로마제국 황제의 재정 고문을 맡았던 인물이었다. 이곳에서 마르틴 루터의 발자취와 종교개혁의 완성된 모습을 찾아보는 것과 함께 16세기에 재력을 바탕으로 제국에서 강력한 정치력을

황제에게 전달되는 아우크스부르크 신앙고백 ©위키피디아

행사했던 야콥 푸거의 흔적을 살펴보는 것도 의미 있을 것 같다.

1) 교황 특사 추기경 카예탄과 마르틴 루터

아우크스부르크 성안나교회 ⓒ위키피디아

1511년경 루터가 로마 여행에서 돌아오는 길에 아우크스부르크에 머물렀다는 기록은 있지만, 정확히 어느 곳에서 숙박했는지는 전해지지 않는다. 그러나 그가 카예탄 심문을 위해 두 번째로 아우크스부르크를 방문했을 때는 아직 교회에서 파문당하기 전이기 때문에 수도사 신분으로 성안나교회에서 머물 수 있었다.

황제 막시밀리안박물관 건너편에 위치한 성안나교회는 최초 14세기에 갈멜수도원으로 건축된 후 화재로 전소되었다가 15세기에 다시 건축되었고, 현재의 모습으로 16세기에 개축되었다. 개축될 당시 화제를 모았던 장소는 바로 제단 건너편에 위치한 푸거 가족의 추모 예배당이다. 추모 예배당 위에는 인문주의 화가 알브레히트 뒤러가 그렸을 것으로 추정되는 성화들이 파이프오르간과 연결되어 제단 삼단화를 연상케 한다. 이곳은 건축학적으로 알프스 이북에서 르네상스 양식으로 건축된 최초의 추모 예배당으로 주목받는다. 추모 예배당 건너편 동쪽에 위치한 제단에는 19세기 신고딕 양식으로 장

4장 종교개혁의 완싱, 이우크스부르크 135

식된 그리스도의 조각상과 함께 루카스 크라나흐의 〈아이들을 축복하는 그리스도〉가 자리 잡고 있고, 그 옆 벽면에는 루터와 작센 선제후 요한의 초상화가 걸려 있다. 위층 '루터의 계단Lutherstiege'으로 발걸음을 옮기면, 비텐베르크에서 시작되어 아우크스부르크 화의를 거쳐 1648년 베스트팔렌 평화 협정까지의 종교개혁 역사를 설명하는 박물관을 발견한다.

하이델베르크 신학 논쟁이 루터에게 95개 조항을 여러 신학자와 정치가 앞에서 논리적으로 설명할 기회를 제공해 준 모양새로 끝이 나자, 로마 교황청은 더욱 수위를 높여 루터를 압박하려고 교황 특사 카예탄Thomas Cajetan 추기경을 아우크스부르크로 보냈다. 이 심문은 신학적인 논쟁이나 변론을 허락하지 않았고, 오로지 루터의 주장 철회만을 목적으로 했다.

1518년 10월 7일 루터는 비텐베르크에서 걸어서 이곳 아우크스부르크 성안나교회에 도착하였다. 당시 그는 아직 수도사 신분이었기 때문에, 심문이 진행되는 2주 동안 이곳에서 머물렀다.

2) 교황 특사 추기경 카예탄의 루터 심문, 푸거 하우스

로마 교황청으로부터 보내진 카예탄 추기경의 심문은 푸거 하우스에서 12일부터 3일간 총 3회 진행되었다. 이때 추기경의 계획은 루터가 심문을 통해 자신의 주장을 철회하는 것이었지만, 불발될 경우엔 루터를 포박해 로마로 압송할 계획이었다. 이를 위해 그는 루터에게 아무 일도 발생하지 않을 것이라고 안심시킨 후 수행원 없이 입장할 것을 종용하였다. 이러한 특사의 계획을 알아차린 루터는 카예탄에게

루터가 심문받던 푸거 궁전 ⓒ위키피디아

먼저 신변 안전을 약속하는 편지를 요구하였다. 결국 특사가 루터의 요구를 받아들인 후 심문이 시작되었다. 카예탄은 루터에게 면벌부의 정당성을 설명한 후 교회와 교황의 권위에 복종할 것과 95개 조항의 철회를 강력하게 요구하였다. 그러나 루터가 자신의 주장을 끝까지 철회하지 않자, 추기경은 고압적으로 소리치며 루터에게 파문의 저주까지 내렸다.

모든 계획이 실패로 돌아가자 카예탄은 덫을 놓아 마르틴 루터를 체포하여 감옥에 감금한 후 로마로 압송하려 하였다. 이를 눈치챈 루터의 동료들은 급하게 루터를 숙소로 불러들인 후 탈출 계획을 세웠다. 추기경 군대를 따돌리고 탈출해야 하는 절체절명의 순간, 루터의 탈출 계획을 도운 이는 아우크스부르크 시장의 아들이며 대성당 자문인 랑엔만텔Christoph Langenmantel이었다. 새벽까지 기다린 루터는 랑엔만텔의 인도에 따라 시를 빠져나가는 비밀 문을 통해 길잡이 한 명만을 대동한 채 나귀를 타고 도시를 빠져나갔다. 그 후 한 달이

루터 심문 기념 현판(푸거 하우스) ⓒ위키피디아

지나 비텐베르크로 무사히 도착한 루터는 그에게 편지로 이때의 고마움을 표현했다. 이에 분노한 카예탄은 프리드리히 현공에게 이후 벌어질 모든 일은 루터가 자처한 것이라고 경고하며 루터를 로마로 보내야 한다는 분노의 편지를 보냈다. 추기경의 편지에 현공은 "루터 박사가 아우크스부르크로 추기경님 앞에 출석했으면 된 것 아닙니까? … 저의 공국에서는 어느 누구도 루터의 가르침이 하나님에게 반하며 반기독교적이고 이단적이라고 주장하는 사람은 없습니다"라고 답장하면서 아우크스부르크 심문이 아무 성과 없이 끝났다.

막시밀리안 36번가에 위치한 푸거 하우스에 가면 건물 벽면에는 교황의 특사 카예탄의 심문에 자신의 주장을 끝까지 포기하지 않았던 루터의 심문을 기억하는 기념 현판이 걸려 있다.

2. 아우크스부르크 신앙고백과 아우크스부르크 평화조약

푸거 하우스로 갔던 길을 되돌아오면 도시의 심장인 시청 광장과 시청사, 페를라흐 종탑을 발견할 수 있다. 페를라흐 종탑은 10세기에

아우크스부르크 시청 앞 광장 ©위키피디아

지어진 감시용 망루로, 이후 종탑 앞 광장이 사람들이 모이는 장소로 활용되면서 17세기에는 르네상스 양식의 시청사가 세워졌다. 대성당이나 군사적 목적의 고층 종탑만 건축되던 당시, 57m 높이로 지어진 아우크스부르크 시청사는 6층 이상으로 건축된 최초의 건물로 건축사에 기록되었다. 이후 2백여 년 동안 유럽 최고층 건물로 기억되었으며, 페를라흐 종탑과 함께 아우크스부르크를 알리는 랜드마크가 되었다.

시청 앞 광장은 여행객들에게뿐 아니라 이곳 아우크스부르크 시민들에게도 따뜻한 햇살과 함께 여유와 즐거움을 제공하는 휴식의 공간이다. 중세 르네상스 분위기가 한층 느껴지는 시청사를 바라보면서 절정으로 치닫고 있는 종교개혁을 되짚어 보는 것도 좋을 듯하다. 아우크스부르크 시청사를 바라보면서 당시 새롭게 전개되었던 제국 내 정치적 변화와 함께 전쟁으로 확대되었던 종교개혁과 그 결과로 이어졌던 제국의회와 루터교의 공인을 되짚어 본다.

1) 아우크스부르크 제국의회와 프로테스탄트 신앙고백

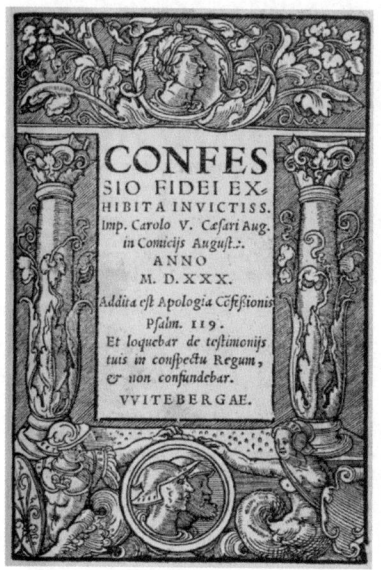

인쇄된 아우크스부르크 신앙고백서 ⓒ위키피디아

1529년 슈파이어 제국의회의 결정으로 종교개혁의 시계는 다시 1521년으로 돌아갔다. 다만 그때와 다른 점은 루터가 혼자가 아니라는 것이다. 이제는 6인의 제후와 14개 도시가 루터와 함께하는 프로테스탄트가 되었다. 이렇게 종교개혁은 프로테스탄트 진영이라는 집단적 종교개혁 운동으로 확대되었다.

루터를 지지하는 제후들과 도시들이 집단화 움직임을 보이자 황제는 종교개혁의 시계를 1521년으로 돌린 것으로 만족하지 않고, 더 근본적인 대책을 고민하였다. 그 사이 황제의 발목을 잡고 있던 대프랑스 전쟁에서 프랑수아 1세가 인질로 잡히면서 한시름 놓은 황제는 자신이 직접 제국 정치에 등판할 것을 결정하였고, 1530년 아우크스부르크에서 제국의회를 소집하였다.

1530년 아우크스부르크 제국의회의 목적은 두 가지였다. 하나는 카를 5세가 독일 제후들에게 황제로서 자신의 위치를 확실히 각

인시키고, 합스부르크 왕가의 안정적인 권력 승계를 구축하는 것이었다. 이를 위해 그는 성대한 황제 행렬을 명령하였고, 제후들은 페르디난트 1세를 황제로 가는 마지막 단계인 신성로마제국의 왕으로 추대할 것을 결정하였다. 황제가 가지고 있었던 제국의회의 또 다른 목적은 독일 내 종교에 대한 새로운 질서 확립이었다. 황제는 현실을 파악하기 위해 모든 제후와 영주들, 자유 도시들에게 신앙고백서 제출을 요구하였다. 황제가 심판자로서 제국 내 모든 제후와 영주들의 신앙을 검열하겠다는 의도였다.

이러한 구체적인 계획을 파악하지 못한 채 루터 진영은 멜랑히톤의 초안으로 "아우크스부르크 신앙고백Confessio Augustana(CA)"을, 스위스 츠빙글리 진영은 "믿음의 이유Fidei Ratio"를, 스트라스부르그의 부처는 린다우, 멤밍엔, 콘스탄츠 도시들과 함께 "네 도시의 신앙고백Confessio Tetrapolitana"을 제국의회에 제출하였다. 비록 이들이 제출한 신앙고백이 악용될 가능성에 대한 우려가 있었으나, 그들의 신앙고백은 세상의 권력자에게 하는 고백이 아니라 세상 앞에 선언하는 하나님을 향한 신앙고백이었다. 그렇기 때문에 그들은 당당히 자신들의 신앙고백을 제국의회에 제출하였다.

그들의 우려는 현실이 되었다. 제국의회에 제출된 신앙고백서를 모두 검열한 로마 교황청은 총 13개 조항에 대한 정죄를 결정하였고, 제국의회는 1531년 4월까지 "아우크스부르크 신앙고백"을 철회하라고 통보하였다. 아우크스부르크 신앙고백은 이렇게 종교개혁 진영을 압박하기 위한 황제와 교황의 신앙 검열 도구가 되었다. 그러나 종교개혁사적 측면에서 아우크스부르크 신앙고백은 각각의 개혁 집단들이 정치적 이익을 기반으로 한 것이 아니라, 신앙고백을 중심으로 결속하게 되는 '신조 시대'의 시작을 알리는 계기가 되었다.

　황제와 로마 교황청으로부터 신앙고백 철회를 압박받은 프로테스탄트들은 1531년 헤센의 필립 방백과 작센의 요한 선제후를 중심으로 슈말칼덴Schmalkalden에 모여 1526년 체결된 토어가우르 연합을 북으로는 브레멘까지, 남으로는 콘스탄츠와 스트라스부르그까지 확장하는 슈말켈덴 군사 동맹을 결성하였다. 이렇게 종교개혁은 한 걸음 더 전쟁의 늪으로 빠져들어 갔다.

2) 프로테스탄트 연합과 황제의 평화조약

마르틴 루터의 종교개혁은 신성로마제국이 직면한 외교적인 상황과 밀접한 연관을 두고 진행되었다. 이미 1526년 슈파이어 제국의회에서 보여줬던 보름스 칙령에 대한 관용이나 1529년과 1530년 제국의회의 결정들이 그 대표적인 것으로, 이후에도 계속해서 프랑스와 오스만 제국과의 관계 변화에 따라 종교개혁은 유화되기도 하고, 또 갑자기 전쟁으로 치닫기도 하였다.

　1532년 오스만 제국은 헝가리를 넘어 오스트리아 턱밑까지 밀고 들어왔다. 이제는 더 이상 동생 페르디난트에게 맡길 수 없는 상황이 되었다. 이를 해결하기 위해서 황제에게 필요했던 것은 독일 프로테스탄트 영주들과 제후들의 군사적 지원이었다. 결국 황제는 1532년 7월 뉘른베르크 제국의회에서 보름스 칙령을 철회하고 현재 제국 재판소에 진행되고 있는 모든 재판을 취소하는 조건으로 화해 조약을 체결한 후, 복음주의 영주들의 군사적 지원을 약속받았다.

　1532년 뉘른베르크 화의 이후 뷔르템베르크나 폼페른, 작센 공

1645년 슈말칼덴 ©위키피디아

국 등 많은 영주가 루터를 지지하고 슈말칼덴 동맹에 합류하자, 역으로 로마가톨릭과 황제를 지지하는 영주들은 위협을 느꼈다. 게다가 프로테스탄트 연합 군대는 오스만 제국과의 전쟁을 이유로, 이제 공식적으로 제국 내에서 자유롭게 이동할 수 있게 되었다. 여기에 가장 위협을 느낀 나라는 오스트리아로 가는 길목에 있는 바이에른 공국으로, 이곳을 중심으로 가톨릭 연맹이 1538년 7월 뉘른베르크에서 결성되었다.

이렇게 1530년대는 슈말칼덴 프로테스탄트 연합과 가톨릭 연합이 강 대 강으로 대치하면서 양쪽 진영은 세력 불리기에 들어갔다. 급기야 프로테스탄트 연합에 프랑스와 덴마크가 가담하자 황제는 전쟁으로 치닫는 상황의 심각성을 파악했고, 1539년 다시 한번 프랑크푸르트에서 프로테스탄트 연합과 화해 조약을 체결했다. 프로테스탄트는 더 이상 새로운 동맹국을 받아들이지 않고, 황제는 프로테스탄트 영주를 제국 재판에 회부하지 않는 조건으로 양측은 조약에 서명하였다. 그뿐만 아니라 화해 조약의 일환으로 가톨릭과 프로테스탄트 신학자들 간의 종교 대담이 결정되었다. 실제적으로 개신교와 천주교 신학자들은 1540년 하게나우뿐만 아니라 1541년 보름스에서도 대화를 계속 이어가면서 종교 간 화해를 시도했다.

4장 종교개혁의 완성, 아우크스부르크 143

3) 폭풍 전야

과연 카를 5세가 정말 복음주의 영주들을 인정해 준 것일까? 당연히 그렇지 않았다. 황제의 평화조약과 화해의 시도는 앞으로 몰아칠 폭풍 전야의 고요함에 불과했다. 그는 단지 자신의 때를 만들기 위한 시간을 벌고자 화해의 제스처를 취한 것뿐이었다.

그리고 마침내 그가 기다리던 시간이 왔다. 1544년 카를 5세는 프랑스뿐 아니라 오스만 제국과 차례로 휴전을 이끌어냈다. 외교 문제가 사라진 현실에서 황제가 독일 내 프로테스탄트 문제에 적극 개입하려고 했다

교황 바울 3세는 그의 의중을 파악이라도 한 듯 손을 내밀었다. 그는 황제가 프로테스탄트 연합을 무력으로 진압한다면 만 명의 군

1546~1547 슈말칼덴전쟁의 준비와 시작 ⓒ위키피디아

사와 말 5백 필을 4개월 동안 제공할 것이라는 솔깃한 제안과 함께 슈말칼덴 연합을 군사적으로 제거할 수 있다고 설득하였다.

이에 황제는 겉으로는 대화와 화해를 제안하고, 뒤로는 교황, 바이에른 공국과 함께 전쟁을 준비하였다. 프로테스탄트 연합을 유인할 명목은 이탈리아 북부 트렌토와 볼로냐에서 개최될 트리엔트 공의회[10]였다. 황제는 복음주의 영주들에게 종교회의를 명목으로 공의회 참석을 종용하였다. 그러나 이 계획은 황제가 전쟁을 준비한다는 소문이 돌면서 성공하지 못했다. 그러는 사이 황제는 전쟁을 위한 모든 전략적 준비를 끝냈다. 황제는 전쟁에서의 작전본부 역할을 할 바이에른 공국에 영토와 선제후 자격, 차기 신성로마제국의 황제인 페르디난트 딸과의 정략결혼을 약속하였다. 게다가 그는 막대한 이권을 조건으로 슈말칼덴 연합에서 중립 입장을 취하는 내용의 밀약을 개신교 진영의 작센 공국 모리츠Moritz von Sachsen 공작과 체결했다. 이제 황제는 네덜란드, 이탈리아, 헝가리 등지에서 이동하고 있는, 교황이 약속한 군대만 기다리면 되는 상황이었다.

4) 제1차 슈말칼덴 전쟁

1546년 7월 평화를 위한 제스처가 모두 눈속임에 불과하다는 것을 파악한 슈말칼덴 프로테스탄트 연합은 전쟁에 대한 구체적인 대책을 세웠다. 이들이 생각했던 전쟁은 황제를 제거하기 위한 싸움이 아니라 자신들의 힘을 과시하여 황제로부터 인정받기 위한 예방 차원의 전쟁이었다. 그들이 동원할 수 있는 군사력은 1만 6천 명의 보병, 5천 필의 군마 등이었다. 수적으로 막강한 전투력을 가지고 있었던 연합군은 남부 도시들을 함락하며 바이에른 공국으로 진격하였다.

그러나 바이에른 공국을 목전에 두고 불행이 일어났다. 연합군을 지휘하는 쉐어틀린Sebastian Schertlin von Burtenbach 장군은 바이에른은 물론 오스트리아와 알프스까지 진격하여 황제군의 지원을 끊어야 한다고 주장했지만, 연합군 지도자들은 그렇게까지 황제를 자극하고 싶지 않았다.

이렇게 연합군 내부에서 혼선을 빚고 있는 동안 황제와 바이에른 공국은 새로운 전술로 시간을 벌었다. 우선 바이에른 공국의 빌헬름 공은 "바이에른은 중립적인 입장이다"라고 선언하였다. 연합군 내에서는 순진하게 이 선언을 사실로 받아들이는 영주들이 생겨났고, 그 결과 바이에른 국경 넘기를 꺼렸다. 또한 황제는 독일 북부의 마지막 제후였던 브라운슈바이크의 하인리히 2세를 불법적으로 체포했다는 명목으로 요한 선제후와 필립 공을 제국에서 추방해 버렸

1547년 뮐베르크 전투와 포로로 잡힌 요한 선제후 ©위키피디아

다. 이 때문에 연합군 내에서는 또 한 번의 동요가 일어났다. 황제의 전술은 적중했고, 그는 지원병이 도착할 때까지 충분한 시간을 벌 수 있었다. 그리고 마침내 지원군들이 도착하자 황제군은 즉각 슈말칼덴으로 진격하여 승기를 잡았다.

연합군에게 또 한번의 기회가 찾아왔다. 가톨릭 연합군 병참에 전염병이 돌았던 것이다. 그러나 이번에는 요한 선제후와 헤센의 필립 공이 의견 일치를 보지 못했다. 당시 헤센의 필립 방백은 이번이 황제를 독일에서 몰아낼 마지막 기회라고 주장하였다. 반면 요한 선제후는 오히려 서서히 바닥을 보이는 전쟁 자금을 보면서 군대를 이끌고 작센으로 돌아갔다. 이렇게 프로테스탄트 연합은 내부 분열로 인해 자멸의 길을 가고 있었다.

프로테스탄트 연합의 분열은 황제군에게 큰 기회였다. 그리고 황제는 그 기회를 놓치지 않았다. 황제군은 분열된 개신교 연합군을 압박하여 북부로 진격하였고, 뮐베르크Mühlberg전쟁에서 요한 선제후를 포로로 잡았다. 그러고는 이내 종교개혁의 심장인 비텐베르크까지 밀고 올라가 점령하였다. 황제는 요한 선제후에게 사형 선고를 내린 후 요한이 선제후 작위와 영토를 포기하는 조건으로 목숨을 살려주었다. 그의 선제후 작위와 영토는 황제와 밀약을 한 모리츠 공작에게 넘어갔다. 이를 바라보던 헤센의 필립 공은 전세가 황제 쪽으로 기울어 희망이 없어지자, 스스로 황제 앞에 몸을 던져 항복하며 감옥에 갇히게 되었다. 필립 공은 요한 선제후와 같이 종교개혁에 가담하지 않는다는 조건으로 목숨을 유지하였다. 이렇게 1546년부터 1년 동안 지속되었던 슈말칼덴 전쟁은 황제의 압도적 승리로 끝이 났다.

슈말칼덴 전쟁에 승리한 카를 5세는 1548년 아우크스부르크 제국의회에서 '아우크스부르크 임시조치Augsburger Interim' 법령을 제정했다. 이 법령은 제국 내 모든 도시에서 시행되었던 종교개혁을 무효화하는 법으로, 모든 프로테스탄트의 재가톨릭화 결정이 이루어질 차기 공의회 전까지 유효한 임시 법령이었다. 물론 황제가 프로테스탄트들을 향해 채찍만 들었던 것은 아니었다. 황제는 그들을 회유하기 위해 루터가 주장했던 사제의 결혼과 평신도에게 빵과 포도주 모두를 분찬하는 성만찬 개혁을 허용하였다. 그럼에도 불구하고 프로테스탄트 영주들이 황제의 임시 조치에 대해 강하게 반대하자 황제는 관련 법령을 독일 남부로 제한했다. 그러자 이제는 가톨릭 영주들이 이 법령을 반대하였다. 결국 임시 조치는 양쪽 진영 모두 반대에 부딪혀 큰 성과 없이 끝이 났다.

5) 제2차 슈말칼덴 전쟁

황제의 의도를 파악한 프로테스탄트들은 1551년 토르가우Torgau에 다시 모여 토르가우 연합을 결성하며, 다시 한번 종교개혁을 향한 깃발을 들었다. 그리고 1552년 제2차 슈말칼덴 전쟁(또는 제후들의 전쟁)이 발발하였고, 이번에는 프로테스탄트의 대승으로 끝이 났다. 당시 전쟁의 숨은 공신은 승리에 도취해 자신의 숨겨진 야욕을 드러낸 카를 5세 황제와 프로테스탄트를 배신하고 선제후가 된 작센의 모리츠 1세였다.

제국 내 가장 강력했던 작센 공국과 프로테스탄트 연합을 물리치며 이제야 진정한 신성로마제국의 황제가 되었다고 생각했던 카를 5세는 더 이상 거칠 게 없는 제국 내 절대 권력이 된 것이었다. 권력에 취한 황제는 신성로마제국을 넘어 자신의 혈통이 이어지는 세계의 군주 Dominus Mundi로 군림하려는 야망을 드러냈다. 카를 5세 황제는 자신이 꿈꾼 보편군주제를 위해 황제 관을 동생 페르디난트가 아닌 아들 필립 2세에게 물려주려 하였다. 합스부르크 가문에 마침표를 찍고 새롭게 스페인 왕가의 시작을 선포하는 순간이었다. 그러나 그의 결정은 그의

루카스 크라나흐, 〈작센의 선제후 모리츠 1세〉, 1578 ©위키피디아

동생은 물론 독일 내 모든 제후를 적으로 돌리는 어리석은 결정이었다. 왜냐하면 카를 5세가 꿈꾸는 보편군주제에서 지난 5백 년간 쌓아왔던 독일 제후들의 자유는 보이지 않았기 때문이다. 결국 지금까지 두 진영으로 나뉘어 싸웠던 제후들은 모두 같은 편이 되어 독일의 자유 Teutsche Libertät를 위해 페르디난트 1세를 지지하였다.

또 다른 조력자는 프리드리히 현공의 조카이자 헤센의 필립 공 사위였던 작센의 모리츠 1세였다. 프로테스탄트였던 모리츠는 슈말칼덴 전쟁에서 황제에 조력한 후 1547년 선제후가 되었다. 권력과 영토를 손에 쥐었지만, 그는 프로테스탄트 진영에서 고립된 삶을 살았다. 특히나 독일의 모든 제후가 황제에게 반기를 드는 상황은 그의 불안을 더욱 가중시켰다. 자신의 자리가 다시 한번 위태로워질 것에 불안해했던 모리츠는 다시 반황제파로 다시 진영을 바꾸고 그 선봉에 섰다. 그는 황제의 천적인 프랑스와 비밀 협약을 맺고 황제를 압

박하였다.

    1552년 제후들이 중심이 된 제2차 슈말칼덴 전쟁이 이렇게 시작되었다. 모리츠는 선봉에서 연합군을 이끌고 황제를 향해 진격하였고, 가톨릭 영주들은 중립을 지키며 황제를 도와주지 않았다. 전쟁의 준비가 되어 있지 않았던 황제는 인스브루크에서 포로가 될 뻔했다가 오스트리아로 도망하였다. 프로테스탄트 연합군의 대승이었다.

6) 아우크스부르크 평화조약

    황제가 자신의 자리를 아들에게 계승하려고 할 때, 가장 피해를 입는 인물은 페르디난트 1세였다. 그러나 독일 제후들이 일제히 황제에게 반기를 들자, 그는 제3자의 입장에서 관망하는 태도를 취했다. 시간이 흐르며 황제의 패배가 짙어지자, 이내 그는 문제 해결사로서 전면에 등장했다. 프로테스탄트 제후들과 황제는 1552년 페르디난트의 중재로 파사우에 모여 조약을 맺었다.

    ― 차기 제국의회까지 군사적 도발 금지
    ― 프로테스탄트 연합의 프랑스 동맹 파기
    ― 슈말칼덴 전쟁포로 석방
    ― 아우크스부르크 임시 조치 폐지

    이때 종교와 관련해서도 많은 제안이 나왔다. 예를 들어 종교 문제에 관하여 현재 분열된 상태 속에서 해법을 찾아야 한다는 것, 분열된 교회를 다시 하나로 만드는 것보다 평화를 찾는 것이 우선적이

파사우 조약 ©위키피디아

라는 것, 현재의 문제들이 황제와 교황의 손이 아닌 독일 내에서 해결될 수 있다는 것 등이었다. 비록 종교 문제에 관련해서는 다음 제국의회로 넘기자는 황제의 의지 때문에 이러한 제안들이 논의되지는 않았지만, 후일 아우크스부르크 평화조약에 많은 영향을 주었다.

파사우 조약 이후 황제는 제국의회를 최대한 늦추려고 했지만, 독일 제후들의 재촉으로 마침내 1555년 2월 아우크스부르크에서 제국의회가 개최되었다. 의회의 전체 진행은 페르디난트가 맡았다. 그는 황제와 함께 먼저 '평화'에 대해 논의한 후 종교적인 문제로 넘어가려 했지만, 제후들은 가장 중요한 '종교적 합의'를 먼저 논의하길 원했다. 이때 중요하게 다시 거론되었던 내용들이 바로 파사우 평화조약에서 모리츠 선제후가 제안했던 내용들이다. 여기에는 해법이 없는 여러 종교 문제, 예를 들어 서로의 신앙고백을 인정하는 문제,

4장 종교개혁의 완성, 아우크스부르크 151

교회나 영지 등의 점유 문제 등은 수없는 논의에도 합일점에 도달할 수 없었다. 결국 페르디난트가 의회를 주관하는 제국 국왕의 전권으로 합의문을 결정하였다.

- 아우크스부르크 평화조약은 1530년 아우크스부르크 신앙고백을 바탕으로 가톨릭과 루터교에 한한다.
- 가톨릭과 루터교는 서로를 인정하며, 종교적으로 발생한 기존의 문제는 신학적인 해석이 아닌 법률적인 방법으로 해결한다.
- 지금부터 발생하는 종교 전쟁은 평화를 파괴하는 것으로 간주한다.
- 통치자가 통치 지역의 종교를 결정한다(*cuius regio, eius religio*).
- 교회 유보권(예외 조항 1, *reservatum ecclesiasticum*) : 프로테스탄트로 개종하는 가톨릭 성직자는 개종 시 성직자의 성직과 교회 재산은 가톨릭 관할에 귀속된다.
- 이주의 권리(예외 조항 2, *ius emigrandi*) : 통치자의 종교와 다른 종교를 가진 시민은 거주 이전의 자유를 가진다.

총 144조에 달하는 아우크스부르크 평화조약은 신·구교 간 합의로 이루어진 평화조약이다. 그러나 모호한 조항들과 프로테스탄트에 대한 불공정 조항들 때문에 많은 한계를 드러냈다. 예를 들어 교회 유보권이 루터교로 전향하는 사제들에게만 적용되는 것, 루터교 이외의 칼뱅의 개혁교회나 스위스 츠빙글리파 등은 제국의 인정을

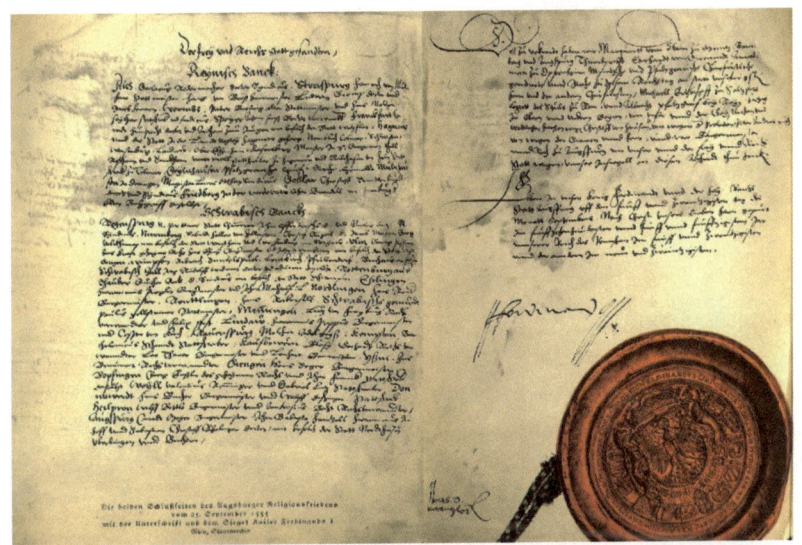
페르디난트 1세 황제의 서명과 인장이 있는 아우크스부르크 평화조약 ⓒ위키피디아

받지 못했다는 것 등이다. 그렇기 때문에 이후에도 두 진영 간의 법률적 논쟁은 끊임없이 지속되었다. 이는 양측 모두에게 더 큰 갈등을 유발했으며, 결국 후일 30년 전쟁의 도화선이 되었다. 그러나 아우크스부르크 평화조약은 종교 문제를 신학적으로 해결하지 않고 법리적 해법을 찾으려 했던 최초의 평화조약이라는 점에서 큰 의의를 찾을 수 있다. 또한 평화조약은 이후 1618년 30년 전쟁 전까지 60년 이상 대규모 전쟁의 발발을 방지하는 기능을 하였다. 이 평화 기간은 유럽 역사상 가장 오랫동안 유지된 시간 중 하나다.

    이렇게 루터의 종교개혁은 마침내 제국의회에서 공식적으로 인정받게 되었다.

아우크스부르크 즐기기

아우크스부르크 역시 마인츠처럼 수천 년의 역사가 그대로 남아 있는, 독일에서 가장 오래된 도시 중 하나다. 본 책에서 소개한 성안나교회나 푸거 하우스, 시청 광장 이외에도 푸거가 가난한 이들을 위해 조성한 세계 최초 사회주택 푸거라이, 막시밀리안박물관, 모차르트 하우스, 성울리히아프라교회 등 대부분이 뮐러거리를 중심으로 모여 있다. 차를 주차장이나 길옆 주차 구역에 주차한 후 자전거나 전동 킥보드를 이용하면 편하게 여행할 수 있다.

성안나교회 Im Annahof 2, 86150 Augsburg
푸거 하우스 Maximilianstraße 36, 86150 Augsburg
시청 광장 Rathausplatz 1, 86150 Augsburg
푸거라이 Jakoberstraße 26, 86152 Augsburg
막시밀리안박물관 Fuggerpl. 1, 86150 Augsburg
모차르트 하우스 Frauentorstraße 30, 86152 Augsburg
성울리히아프라교회 Ulrichspl. 20, 86150 Augsburg

아우크스부르크 다음 행선지는 비텐베르크다. 약 480km, 5~6시간을 가야 하는데, 가는 길에 잉골슈타트나 인문주의 화가 뒤러의 고향 뉘른베르크, 독일의 베네치아라고 불리는 밤베르크, 루터가 신학 대담을 했던 라이프치히 등에서 잠시 쉬면서 가는 것도 좋을 듯하다

종교개혁의 모교회
성모마리아시립교회

루터 사저
어거스틴수도원

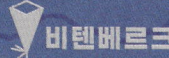 비텐베르크

레우코레아대학

만성교회

🔑 프랑크푸르트
🔑 마인츠
🔑 오펜하임
🔑 보름스
🔑 하이델베르크
🔑 슈파이어

🔑 아우크스부르크

🔑 멤밍엔

5장

프리퀄 1

종교개혁의 심장, 비텐베르크

프리드리히 현공은 인구 2천 명의 비텐베르크를 인문학을 위한 도시로 세우고자 하였다. 1502년 그는 첫 프로젝트 레우코레아대학 University Leucorea을 설립했다. '레우코레아'는 '하얀(Witt-, 비텐) 언덕(Berg, 베르크)'라는 도시의 이름을 그리스어로 번역한 것으로, 교황의 재가 없이 황제의 재가로만 설립된 신성로마제국 최초의 대학이다. 1980년대 이후 PC가 대학의 필수품이었던 것처럼, 당대 이곳은 인쇄소와 함께 문을 열었다. 게다가 비엔나에서 활동하던 인문주의 화가 루카스 크라나흐Lukas Cranach를 궁중 화가로 초빙했다. 그렇게 비텐베르크는 진리를 향한 자유로운 생각과 토론이 넘쳐나고, 인문주의 예술가들의 집념 어린 땀이 스며드는 인문주의 도시로 성장하고

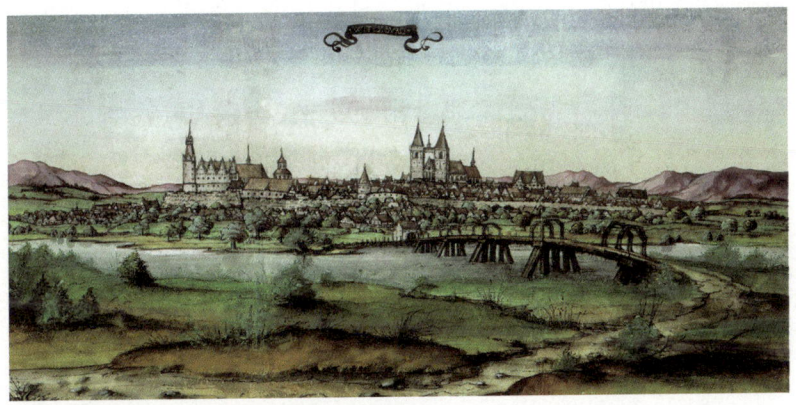

16세기 비텐베르크, 1536~1537 ⓒ위키피디아

있었다. 이 비텐베르크에 아직 깨어나지 않은 종교개혁을 마음에 품은 마르틴 루터가 문을 두드렸다. 비텐베르크는 종교개혁을 마음에 품은 마르틴 루터를 성장시켰고, 이내 그는 세상과 하나님을 향해 교회의 잘못과 교황의 과오를 낱낱이 지적하며 단호히 고발했다.

그로부터 500여 년이 지난 지금, 현대의 비텐베르크 구시가지 건물들과 거리, 골목들은 아직도 루터의 발자국과 목소리를 기억하며, 당시 종교개혁의 순간들을 이야기해 주고 있다. 이곳 비텐베르크를 경험하는 가장 좋은 방법은 루터가 95개조 반박문을 교회 문에 못 박았던 성문교회를 시작으로 루터의 집까지 이어지는 약 1km를 천천히 루터와 함께 걷는 것이다. 그가 매일 걸었던 돌길, 공부했던 대학, 설교했던 성모마리아시립교회, 그의 동역자 멜랑히톤의 집, 인문주의 화가 크라나흐의 공방과 약국, 마지막으로 그가 결혼 후 살았던 수도원까지. 물론 시간이 허락된다면 이곳 구시가지 안에 숙소를 잡고 루터가 되어 밤하늘 별들을 바라보며 그가 그토록 괴로워하며 생각에 젖었던 고민과 내 믿음의 현재를 비교해 보기도 하고, 아침 이슬을 맞으며 루터가 걸었던 구시가지의 길을 걷고, 내 삶 속의 종교개혁을 생각해 보는 것도 좋겠다.

이 장에서는 루터가 종교개혁가로 거듭나던 시기인 청년 루터에게 집중하여 인문 도시 비텐베르크와 레우코레아대학, 종교개혁의 모교회인 성모마리아시립교회를 거쳐 1525년 결혼 후 선제후 요한으로부터 선물로 받은 루터의 집 검은수도원 순으로 이야기를 이어갈 것이다.

1. 프리드리히 현공의 기획 도시 비텐베르크Wittenberg

1486년 23세의 나이로 선제후가 된 프리드리히 3세는 삼촌 알브레히트가 에르푸르트를 중심으로 명성을 떨칠 때, 자신의 고향 토르가우를 수도로 하는 새로운 공국을 만들었다. 그가 꿈꾸는 나라는 전쟁이 없는 평화로운 나라였다. 작센의 막강한 군사력과 공국 내 은광에서 나오는 재력이 제국과 국제무대에서 그의 꿈을 가능하게 했고, 결국 1507년에는 제국 영방 총독의 자리에까지 올라갔다.

알브레히트 뒤러, 〈작센 선제후 프리드리히 3세〉, 1500 ⓒ위키피디아

이제 그에게 부족한 마지막 퍼즐 하나는 파리, 프라하, 튀빙엔 같은 인본주의 도시에 대한 명성이었다. 이것이 바로 인본주의 도시 비텐베르크가 탄생하게 된 배경이다.

이를 위해 프리드리히는 인본주의적 건축가, 예술가, 교수, 인쇄업자 등을 불러 모아 아낌없이 후원하였다. 그리고 1502년 튀빙엔대학을 모델로 한 레우코레아대학을 설립한 후 박사학위를 지원하는 학생들에게 재정적 지원을 하였다. 이때만 해도 선제후는 자신이 설립한 대학이 자신과 시대의 운명을 어떻게 바꿔 놓을지 예상하지 못했다. 그 이유는 마르틴 루터가 이곳에서 박사학위를 신청했기 때문이다. 루터는 1512년 현공의 후원을 받아 비텐베르크 종신교수직을 조건으로 박사학위를 취득하고 신학부 성서학 교수로 임명되었다.

비텐베르크의 마르틴 루터를 이해하기 위해서는 먼저 종교개혁의 정치적 보호자였던 작센의 선제후 프리드리히 3세를 살펴보는 것이 도움이 될 것이다. 제국의 2인자였던 프리드리히 현공은 스스로 황제가 아닌 2인자의 길을 선택했던 인물로, 정치적으로 마르틴 루터는 물론이고 종교개혁 전체를 황제와 교황으로부터 보호하는 수호자의 역할을 하였다.

그러나 그의 개인적 삶을 들여다보면 과연 프리드리히 현공은 진정한 프로테스탄트였을까 라는 질문이 떠오른다. 프리드리히는 정말 루터가 주장했던 모든 신학적 교리를 받아들이고 루터처럼 하나님을 믿었을까? 그 새로운 믿음으로 그는 루터를 도와주고 루터의 보호자가 된 것일까? 이 질문에 대한 답을 찾아보기 위해 먼저 '선제후 프리드리히'라는 인물을 살펴보자.

1463년 1월 17일 작센 선제후 에른스트의 첫째 아들로 태어난 프리드리히는 1525년 5월 5일, 병으로 고통스럽게 62년의 삶을 마감했다. 선제후 프리드리히의 흔적은 문서상으로 많이 남아 있지만, 인간 프리드리히에 대한 기록은 많지 않다. 그러나 선제후를 생각하며 쓴 마르틴 루터의 헌정 시에서 우리는 인간 프리드리히의 삶을 엿볼 수 있다.

"평화스럽다는 내 이름처럼"
나는 이 나라의 평화를 지키기 위해 노력했다.
높은 지혜와 인내, 행운으로 많은 악한 적을 물리쳤다.
이 땅을 새로운 건축물들로 채우고

비텐베르크에 학교를 세워 학문의 중심지로 만들었다.
그곳에서 종교개혁의 불씨가 타올라
많은 곳으로 퍼져 나갔다.
교황의 권력은 무너졌고
진정한 믿음을 다시 찾았다.
황제 카를에게 나는 충성하였지만
그는 나에게 은혜를 베풀지 않았다."

16세기 초는 천년의 전통을 이어왔던 중세의 전통 위에 '근대'라는 새로운 발견과 변화가 공존했던 시기다. 이 시대는 전통을 지키려는 과거와 새로운 발견과 변화를 향해 나가려는 미래가 만나는 교차점으로, 혼란과 동요가 끊이지 않았다. 프리드리히 선제후는 이 모두를 손에 움켜쥔 채 과거와 미래, 전통과 진보 속에서 갈등하며 이

비텐베르크 시내 정경 ⓒ위키피디아

중적인 삶을 살았다.

정치적으로 프리드리히는 신성로마제국의 전통을 지킨 친황제 선제후였다. 그는 '중세의 마지막 기사'라 불리는 막시밀리안 1세 Maximilian I 황제와 함께 관료 조직의 확대와 행정 및 사법제도 개혁을 통해 제국을 중세 봉건국가에서 중앙집권적 통치 국가로 혁신하였다. 이렇게 그는 신성로마제국의 기틀을 다지는 데 혼신의 힘을 쏟았지만, 반대로 신성로마제국 내에서 '독일'이라는 전통을 세우기 위해 신성로마제국과 첨예하게 대립하였다.

특히 루터를 보호하는 법적 근거가 되었던 '선거 협약'은 신성로마제국 내 독일의 권리를 지키기 위해 황제와 맺은 협정이었다. 즉, 프리드리히 현공이 루터의 로마가톨릭 개혁을 위한 95개 조항에 찬성하여 마르틴 루터를 보호했던 것이 아니라 루터가 독일 국민이었기 때문에 선거 협약에 따라 루터를 정치적으로 보호했던 것이다. 왜냐하면 그것이 현공 스스로가 가지고 있는 '독일'이라는 정체성을 지키는 길이었기 때문이다. 게다가 로마가톨릭에 대한 반발은 프리드리히 선제후뿐 아니라 독일 영주들 모두가 가지고 있었던 공동의 불만이기도 했다. 왜냐하면 당시 교황이 베드로성당 건축과 오스만 제국과의 전쟁을 위한 세금과 면벌부 판매로 얻은 재정을 개인적으로 사용하고 있다는 의심을 사고 있었기 때문이다.

프리드리히 선제후에게 있어 루터는 자신이 꿈꾸었던 마지막 퍼즐인 인문 도시 비텐베르크를 세상에 각인시킬 꼭 필요한 인물이었다. 이렇게 될 것을 현공이 예상했는지 모르겠지만, 루터가 대학 교회 정문에 95개 조항 반박문을 못 박으면서부터 비텐베르크대학은 시대의 중심지로 탈바꿈하였다. 마르틴 루터의 강의를 듣기 위해 학생들이 비텐베르크대학으로 몰려왔고, 전 유럽의 종교 지도자들이 마르틴 루터와 토론하고 고견을 듣기 위해 방문하였다. 실제로 종교개혁 선언 이후에 비텐베르크대학에는 10년 전보다 두 배 이상의 학생들이 등록하였고, 비텐베르크는 독일 내에서 아우크스부르크 버금가는 출판 중심지가 되었다.

레우코레아대학

선제후는 종교적으로도 구교인 가톨릭과 루터의 복음주의 사이에서 갈등하며 고민하는 모습을 보였다. 사실 그는 종교적으로 매우 신실한 가톨릭 신자였다. 현공은 매일 예배에 참석하였고, 사람들에게 선행을 하고, 성화나 조각품을 교회에 기증하고, 예루살렘 성지를 순례하며 면벌부를 구매하는 등 당시 교회가 강조했던 모든 경건한 행위들을 빠짐없이 실천했다. 그가 1493년 예루살렘 성지순례를 다녀온 후부터 모았던 성유물은 1만 9천여 점에 달했다. 이는 2백만 년 동안의 죄에 대한 벌을 탕감 받을 수 있는 양이었다.[12] 프리드리히는 당시 유럽에서 세 번째로 많은 양의 성유물을 모았는데, 그가 모았던 성유물 중에는 예수님 어머니 마리아의 모유가 들어 있는 병과 십자가를 지고 가던 예수님의 가시 면류관 등이 포함되어 있었다. 이 성유물들이 현공만을 위한 수집은 아니었다. 당시 교회의 가르침에는 성유물을 보고 만지는 것만으로도 연옥에서의 날들을 탕감 받을 수 있었기 때문에, 선제후는 자신의 유물을 일반 평신도들에게 공개하였다. 대학 개교 후 대학 교회로 변경된 성문교회의 종탑은 현공이 모은 성유물을 보관하던 곳으로, 이 성유물은 매년 '모든 성인의 날'인 11월 1일 일반인에게 공개되었다. 루터가 10월 31일에 만성교회 문에 95개 조항을 못 박은 이유도, 다음 날인 11월 1일이 모든 성인의 날이었기 때문이었다.

반면 루터의 새로운 가르침에 대해서 프리드리히는 처음에는 단지 학문적인 호기심으로 루터의 95개 조항을 이해하였고, 루터 문제를 신성로마제국과 법적으로 해결하려 하였다. 루터가 자신이 세운 대학에서 박사학위 과정을 거쳐 종신교수로 있었지만, 루터를 만나 이야기를 나누거나 그의 주장을 경청한 적은 일생 중 단 한 번도 없었다. 그가 유일하게 루터와 함께 한 공간 안에 있었던 순간이 보름

레우코레아대학 ©위키피디아

스제국재판 때였다. 그렇지만 제국의 현안에 대해 프리드리히는 자신의 궁중 고문인 슈팔라틴Georg Spalatin 목사를 통해 루터의 의견과 혜안을 물었다. 선제후가 통풍과 담석증으로 고생할 때, 그를 위로했던 것은 가톨릭 미사였다. 그가 처음 루터가 제시한 예배 방식에 따른 예배에 참석한 것은 죽기 한 달 전인 1525년 종려 주일이었다. 그리고 부활절 후 첫 번째 주일에 자신의 궁중 목사인 슈팔라틴이 집례하는 성만찬에 참석하여 빵과 함께 생애 처음으로 포도주 분찬을 받았다.

이렇게 과거와 미래 사이, 구교와 프로테스탄트 사이에서 갈등하던 선제후는 인생의 마지막 순간에 인간의 노력으로 구원을 이룰 수 없고 오직 하나님이 주시는 은혜로 구원에 이룰 수 있음을 깨닫고 하나님이 값없이 주시는 믿음을 얻게 되었다.

2. 말씀을 통한 자유의 경험, 수도원 탑의 경험

마르틴 루터를 종교개혁가 루터로 성장시켰던 레우코레아대학은 지금도 비텐베르크 구시가지에서 당시 루터와 학생들이 소리 높여 토론하던 목소리를 들려주는 듯하다. 대학이 처음 개교할 당시에는 별도 건물 없이 강의하다가 현재의 위치인 콜레기엔슈트라세Collegienstrasse 62번지에 정식 건물이 세워졌다. 건물 정원 바닥에는 신성로마제국 내 대학교들의 개교 연도가 적혀 있고, 건물 벽면에는 이곳 레우코레아대학을 거쳐 간 수많은 유명 인사가 적혀 있다. 마르틴 루터도 그중 한 명이다.

레우코레아대학에서 박사학위를 받고 종신교수로 임명된 마르틴 루터가 맡았던 강의는 성서해석학으로, 1513~1515년 사이 시편과 로마서 강해를 하였다. 그는 가장 규율이 엄격하기로 소문난 어거스틴수도원의 습관대로 여름에는 아침 6시, 겨울에는 아침 7시에 강의를 시작했다. 그의 교수법은 대화식이었는데, 여러 신학자 또는 추기경들과 공개 토론을 한 후, 그 주제를 다시 학생들과 토론하는 방식을 좋아했다.

그렇게 루터는 비텐베르크에서 교수로의 명성을 쌓아갔지만, 해답을 찾지 못하는 두 가지 문제가 그를 괴롭혔다. "어떻게 하나님을 마음을 다하고 정성을 다하고 뜻을 다해 사랑할 수 있을까?", "인간은 어떻게 하나님 앞에서 의롭다고 인정받을 수 있을까?"

마르틴 루터는 매일 밤, 수도원 종탑에 있는 골방에서 시편과 로마서를 심도 있게 묵상하고 해석하면서 종교개혁의 가장 핵심 신앙고백인 믿음과 구원, 하나님 앞에서 의롭게 되는 '이신칭의'에 대한 확신을 경험하였다. 이 '탑의 경험'에서 마르틴 루터를 사로잡은 말씀은 로마서 1장 17절과 시편 71편 2절이다.

"복음에는 하나님의 의가 나타나서 믿음으로 믿음에 이르게 하나니 기록된 바 오직 의인은 믿음으로 말미암아 살리라 함과 같으니라"(롬 1:17).
"주의 의로 나를 건지시며 나를 풀어 주시며 주의 귀를 내게 기울이사 나를 구원하소서"(시 71:2).

탑의 경험을 통해 루터는 '하나님 앞에 의롭게 된다는 것'이 인간의 행위로 얻어지는 것이 아니라 '하나님께서 그리스도를 믿는 믿음으로 인간을 의롭다고 인정하시는 것'임을 깨달으며 거듭남, 영적인 중생의 경험을 하게 된다. 당시의 경험을 루터는 다음과 같이 고백한다.

> "여기에서 나는 마치 새로 태어난 것처럼 느껴졌고, 나에게 문이 열려 천국에 들어간 느낌이었다."

마르틴 루터의 탑에서의 경험은 그의 종교개혁 정체성을 나타내는 네 가지 신앙고백(오직 은혜, 오직 그리스도, 오직 믿음, 오직 말씀으로)으로 나타나는데, 이는 믿음을 통해 인간이 어떻게 의롭게 되어 구원을 얻는가를 단계적으로 설명하고 있다.

1) 오직 은혜로 Sola gratia

모든 계명을 철저히 행하려고 노력했던 루터를 시험에 들게 했던 성경 구절은 마가복음 12장 30절이다.

> 네 마음을 다하고, 네 목숨을 다하고, 네 뜻을 다하고, 네 힘을 다하여, 너의 하나님이신 주님을 사랑하여라(막 12:30).

왜냐하면 루터는 아무리 자신이 노력해도 온 마음과 뜻과 힘을 다해 하나님을 사랑하고 있는지 확신하지 못했기 때문이다. "이웃을 사랑하라"는 계명은 자신의 월급 전부를 가난한 자들에게 주면서까

마르틴 루터(비텐베르크)

지 지킬 수 있었지만, 예수님의 첫 번째 계명은 어떻게 확인할 수 없었다. 이런 그는 매일 비텐베르크 성모교회 앞에 서 있던 양날 검을 입에 문 심판자 그리스도 조각상(현재는 없음)을 보면서 의롭지 못한 자신의 죄 때문에 두려움에 떨었고, 매일매일 고해성사를 이어갔다.

인간은 어떻게 하나님 앞에서 의롭게 되는가? 루터가 깨달은 의Justification라는 것은 의롭게 하는 주체가 인간이 아니라 '하나님'이었다. 여기에서 인간은 선하고 경건한 행위를 통해 하나님 앞에 의로움을 얻을 수 있는 것이 아니라(롬 3:28), 전적으로 하나님의 값없이 주시는 은혜와 긍휼(롬 9:16)로 의롭게 되는 것이다.

"그런즉 원하는 자로 말미암음도 아니요 달음박질하는 자로 말미암음도 아니요 오직 긍휼히 여기시는 하나님으로 말미암음이니라"(롬 9:16).

이는 경건한 행위를 통해 하나님의 은혜를 얻어 구원받을 수 있다는 중세 교회의 가르침에 정면으로 배치되는 것이었다. 이 깨달음을 통해 루터는 자신의 경건한 행동으로 하나님 앞에 은혜를 얻기 위해 노력했던 율법적 신앙이 잘못되었음을 깨닫게 되었다.

2) 오직 그리스도로 Sola Christus

하나님은 인간을 어떻게 의롭다고 인정하시는 것일까?

인간이 하나님 앞에 의롭다고 인정받는 유일한 길은 경건한 행위가 아닌 복음 안에 숨겨진 하나님의 의, '예수 그리스도'임을 마르틴 루터는 로마서 강독을 통해 깨닫게 되었다. 사도 바울은 로마서 1장 17절에서 '숨겨져 있던 하나님의 의'에 대해서 이야기하고, 그 뒤 3장에서 그 숨겨져 있던 하나님의 의에 관해서 설명한다.

> "이제는 율법 외에 하나님의 한 의가 나타났으니 율법과 선지자들에게 증거를 받은 것이라. 곧 예수 그리스도를 믿음으로 말미암아 모든 믿는 자에게 미치는 하나님의 의니 차별이 없느니라"(롬 3:21-22).

즉, 인간은 예수 그리스도를 믿는 믿음을 통해 하나님이 의롭다고 인정하신다는 것이다. 왜냐하면 그리스도가 우리 죄를 위해서 십자가에서 돌아가셨기 때문이다 (고전 15:3). Sola Christus는 이후 루터가 성경을 해석하는 데 이정표가 되었다. 특히 루터는 시편을 번역할 때, 숨겨진 하나님의 의로써 예수 그리스도를 발견하는 데 중점을 두었다.

3) 오직 믿음으로 Sola fide

인간은 어떻게 하나님의 의롭다 하심(칭의)을 얻을 수 있을까?

칭의에 관한 루터의 깨달음은 로마서 1장 17절을 통해 구체화되었다. 로마서 1장 17절에 후반에서 바울은 하박국 2장 4절을 인용한다.

> "보라 그의 마음은 교만하며 그 속에서 정직하지 못하나 의인은 그의 믿음으로 말미암아 살리라"(합 2:4).

하박국 선지자가 선포한 것처럼 의인은 오직 '믿음'으로 살 수 있는데, 그 믿음의 내용은 바로 '하나님의 숨겨진 의'인 예수 그리스도를 믿는 믿음을 의미하는 것이다. 믿음이란 인간 스스로가 죄인임을 인정하고 오직 예수 그리스도를 통해 의롭게 된다는 것을 믿고 하나님 앞에 신뢰하는 것이다.

그럼 인간은 그의 현실적인 삶과 상관없이 그리스도를 믿는 믿음만으로 구원 받기에 충분한 것인가? 어떻게 인간이 그리스도를 신실하게 믿고 있는지 판단할 수 있는가? 이에 대해 루터는 '만약 선한 행위가 뒤따르지 않는다면 그리스도를 향한 믿음이 마음속에 없는 것'이라고 말한다. 그는 믿음이 구원을 얻기 위한 필수 조건이지만, 사랑의 행동이 뒤따르지 않는 믿음은 '의롭다' 칭함을 받는 믿음이 아님을 분명히 했다. 이것이 하나님 앞에서뿐만 아니라 세상 속에서도 사랑의 선한 행위를 강조한 루터의 '이중 칭의'다.

4) 오직 말씀으로 Sola scriptura

우리는 이 칭의를 어떻게 경험할 수 있는가?
바로 말씀이다. 루터는 성경의 말씀을 통해 거듭난 자신의 경험을 바탕으로 오직 성경만이 구원의 메시지를 증명한다고 역설하였다. 말씀은 인간 존재에 대한 근본과 구원에 필요한 것들을 알려주는데, 이때 성령은 우리들의 눈을 열어 우리의 죄악 된 모습과 그리스도를 통한 구원의 길을 밝게 보게 한다.

말씀에 대한 경험을 바탕으로 루터는 1520년, 교황 레오 10세의 교회 파문에 대한 최후통첩의 글에 대항하여 처음으로 "오직 말씀으로"라는 문구를 사용하여 당시 로마가톨릭이 행하고 있었던 많은 잘못과 교리 등을 비판하였다.

그러면 의롭다고 칭함을 받은 신앙인은 죄를 짓지 않게 되는가? 이 질문은 성도의 삶과 하나님의 은혜의 깊이를 동시에 드러내는 질문으로, 이에 대해 루터는 성도의 개념을 의인인 동시 죄인Simul iustus et peccator이라고 설명한다. 예수 그리스도를 믿는 성도를 하나님이 '의롭다'라고 인정하셨지만, 아직 거룩하고 완전한, 죄가 없는

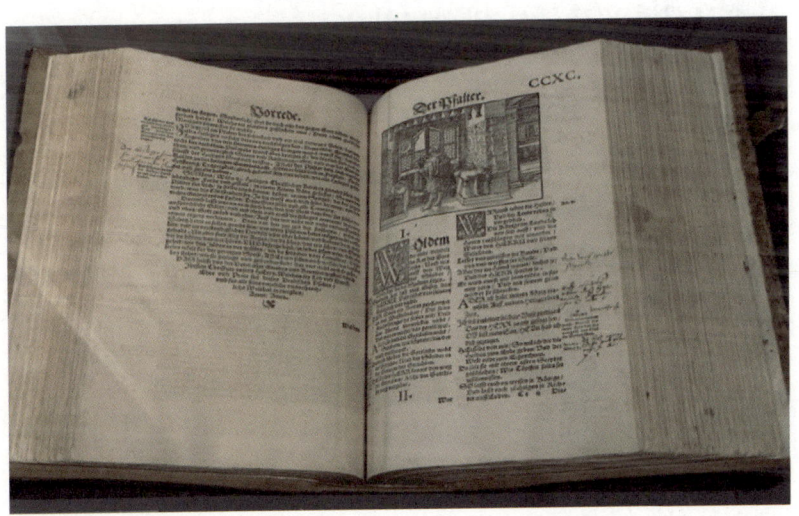

마르틴 루터 성경

존재는 아니다. '의롭다'라는 것은 항상 선물로 주어진 의로움으로, 그리스도를 믿는 믿음 안에 있을 때만 우리는 의롭다고 인정받을 수 있는 것이다. 만약 우리와 그리스도와의 연결이 끊어진다면, 우리 안에 선물로 주어진 '의로움'은 사라지게 된다. 그렇기 때문에 인간은 구원이 전적으로 하나님의 은혜에 달려 있다는 것을 잊지 말고, 믿음 안에 머물러 있기 위해 노력해야 한다는 것이다.

마르틴 루터가 본격적인 종교개혁으로 나가기에 앞서, 구원에 이르는 길을 깨닫고 말씀으로 거듭나는 경험을 했던 그 종탑은 확장 공사로 인해 더 이상 발자취를 찾아볼 수 없게 되었다. 그러나 믿음으로 거듭난 루터의 다음 행보는 대학 교회로 바뀐 만성교회 문에 박힌 95개 조항에서 구체적으로 발견할 수 있다.

3. 종교개혁의 도화선, 만성교회 All Saints' Church

"내 주는 강한 성이요, 방패와 병기 되시니."
("Ein feste Burg ist unser Gott, ein gute Wehr und Waffen.")

시편 46편 10절의 말씀을 바탕으로 루터는 자신이 경험한 하나님에 대한 고백을 찬양으로 만들었다. 19세기 말 만성교회 종탑에 신고딕 양식의 돔을 올렸는데, 이곳에 루터의 고백을 모자이크로 새겨 넣었다. 마르틴 루터의 이 고백은 1517년 만성교회에서 시작된 종교개혁의 여정에서 만들어진 찬양이다. 계속되는 교황과 황제의 위협, 죽음의 그림자가 루터와 그의 동료들을 위협할 때마다 하나님은 강

루터의 찬양이 모자이크된 만성교회 종탑

한 성처럼 적들의 위협을 막아 주시고, 방패와 병기가 되어 그들을 대신해 싸워 주셨음을 경험하며 고백한 것이다.

만성교회는 14세기, 하나의 성이면서 로마 교황청에 소속된 모든 성인을 위한 교회로 건축된 후 프리드리히 3세가 선제후로 등극하면서 자신이 소유한 성유물들을 보관하는 용도로 종탑을 건설하였다. 이후 레우코레아대학이 설립되면서 박사학위 수여자가 학위 수여 설교를 하는 대학 교회로 변모했다. 이 대학의 학위 수여자는 이 대학 교회에 안장될 수 있는 권한이 부여되었다. 이곳에는 마르틴 루터뿐 아니라 루터의 동역자 멜랑히톤, 프리드리히 현공 등이 묻혀 있다.

모든 성인의 날인 11월 1일은 프리드리히 현공이 수집한 1만 9천여 점의 성유물들이 일반에게 공개되는 날이기도 했다. 성물을 보고 만지는 것만으로도 연옥에서의 형벌이 일부 면제된다고 교회가

95개 조항 게시문

가르쳤기 때문에, 이날에는 수많은 인파가 몰려들었다. 그러나 1517년에는 여느 때와는 다르게 엄청나게 몰아칠 폭풍과 함께 그날이 다가오고 있었다.

1517년 10월 31일, 마르틴 루터는 다음 날 몰려드는 군중들 앞에 마인츠 대주교 알브레히트가 판매하는 면벌부의 오류를 성경 말씀을 근거로 공개적으로 비판하였다. 그가 비판한 95개 조항의 반박문은 '죄의 용서'에 대한 내용으로, 루터는 오직 예수 그리스도를 믿는 믿음을 통해서만 죄의 용서가 가능하다는 것을 역설하였다.

마르틴 루터가 이날 면벌부를 비판한 95개 조항은 19세기 프로이센의 프리드리히 빌헬름 4세에 의해 현재의 모습처럼 청동으로 된 95개 조항의 게시문으로 새로 태어났다.

4. 종교개혁의 모교회, 성모마리아시립교회 Stadtkirche Wittenberg

12세기 목조로 건축된 시립교회는 이후 계속되는 증축과 개축을 통해서 지금의 모습으로 완성되었다. 이곳은 독일에서 제일 처음으로 독일어 예배가 드려졌을 뿐 아니라, 종교개혁 진영 내에서 발생한 첫 번째 신학 논쟁인 마르틴 루터와 보덴슈타인과의 성만찬 논쟁 등 많은 중요한 종교개혁사적 사건들이 일어난 곳으로, 종교개혁의 모교회라고 불린다.

교회에 들어서면 청록색의 회중석이 돋보이는 흰색의 교회당이 눈에 들어온다. 제단을 제외한 다른 벽면에는 화려한 장식이 없기 때문에 2층에 위치한 웅장한 파이프오르간이나 설교단이 더욱 돋보인다. 아치형 벽면이 제단과 회중석을 분리하고 있으며, 그 아치 속 중앙에 제단과 삼단화가 놓여 있어 제단화가 더욱더 집중적으로 돋보이게 배치되어 있다.

제단화 주변 벽면에는 크라나흐가 그린 여러 그림이 종교개혁의 단면을 보여주고 있다. 이 성화들은 성경과 종교개혁의 의미를 인본주의적 화풍에 담아낸 그림으로, 그림 속에 등장하는 모든 등장인물과 세부적인 내용 속에 작가의 생각과 메시지를 담고 있다. 따라서 시간을 내어 하나하나 꼼꼼히 감상하면 그 깊은 의미를 느낄 수 있을 것이다.

1) 크라나흐의 종교개혁 제단화

종교개혁 운동은 중세 로마가톨릭교회의 신앙, 구원, 죄의 용서, 예배, 교황과 교회의 직제 등에 대한 문제점을 비판하고, 성경적 근거를 바탕으로 올바르게 개혁하려고 노력했던 교회 개혁 운동이었다. 그러면 종교개혁가들이 생각했던 '교회'는 무엇이었을까?

프로테스탄트들이 1530년 아우크스부르크 제국의회에 제출한 아우크스부르크 신앙고백 제7항에서 다음과 같이 설명하고 있다.

루커스 크라나흐, 종교개혁 3단 제단화, 1547

"우리는 항상 거룩하며 그리스도가 중심이 되는 교회에 대해 가르치고 있습니다. 교회는 성도들이 모인 곳으로, 복음이 선포되고 그리스도가 제정한 성례전으로 거행되는 곳입니다. 왜냐하면 복음 선포와 하나님의 말씀에 근거한 성례전만으로 그리스도 교회의 참된 일치를 위해 충분합니다. '믿음도 하나요 세례도 하나요 하나님도 한 분이시니 곧 만유의 아버지시라'(엡 4:5-6)는 사도 바울의 말처럼, 인간이 만든 성례전이 모든 곳에서 동일하게 이루어진다고 그리스도의 교회가 하나가 되는 것은 아닙니다."

개혁가들이 생각했던 교회는 그리스도가 중심에 서 있는 교회, 복음이 선포되고 말씀에 근거한 성례전(성찬, 세례, 죄의 고백과 용서)[13]이 집례되는 교회, 그것을 통해 거듭난 성도들이 모인 교회가 진정한 교회였다.

인쇄업자들로 구성되었던 비텐베르크 시의회는 이 아우크스부르크 신앙고백을 바탕으로 한 종교개혁의 진정한 의미를 성도들에게 그림으로 설명하기 위해 크라나흐 부자에게 3단 제단화를 의뢰했다. 이에 크라나흐 부자는 종교개혁의 본질이며 교회의 진정한 모습을 네 개의 그림으로 표현하였다. 선포되는 말씀을 통해 거듭난 성도들이 모인 그리스도가 중심에 서 있는 교회, 성만찬, 세례, 죄의 용서와 고백.

제단화의 제일 위에는 "오직 그리스도로"를 외쳤던 루터와 종교개혁자들의 신앙고백이 고린도전서 3장 11절 말씀, "이 닦아 둔 것 외에 능히 다른 터를 닦아 둘 자가 없으니 이 터는 곧 예수 그리스도라"를 빌려 다시 한번 선포되고 있다. 이 네 개의 그림에는 종교개혁 최일선에 섰던 3인방과 함께 그림을 의뢰한 의뢰인들이 등장하며, 그림을 구성하는 모든 부분에 크라나흐의 사상과 신앙고백이 담겨 있다.

마르틴 루터가 이 그림 속에 나오는 멜랑히톤Philipp Melanchthon과 부겐하겐Johannes Bugenhagen의 도움을 받아 성서를 독일어로 번역했다면, 크라나흐는 그들이 번역한 성경과 종교개혁 정신을 보이는 말씀*verbum visibile*으로 전환하여 일반 성도들에게 보여주는 역할을 했다. 그림 하나하나를 되짚어 보면서 크라나흐가 보여주려고 했던 종교개혁의 이야기와 사상 등을 함께 살펴보고자 한다.

(1) 루터의 설교[14]

'설교단에서 설교하는 루터' 앞 중앙에 십자가를 지신 그리스도가 서 있다. 그리고 그 십자가를 중심으로 오른쪽에는 설교단에서 설교하는 루터가 있고, 왼쪽에는 청중들이 앞에는 앉아서 그리고 뒤에는 서서 루터의 설교를 듣는다.

이 장면은 첫째로, 교회의 중심은 인간을 위해 십자가에서 피 흘리신 그리스도라는 것을 선언하고 있다. 그동안 교회가 성도와 하나님 사이를 연결하는 매개체적 역할을 했지만, 루터는 *Sola Christus*, 오직 십자가를 지신 그리스도가 교회의 중심이며 신앙의 시작과 끝임을 강조하였다. 또한 선포되는 말씀인 설교가 중심인 새로운 예배의 모습을 나타내고 있는데, 루터는 가장 중요한 말씀에 손을 얹어 *Sola scriptur*, "오직 말씀으로"를 강조하고 있다.

십자가 지신 그리스도를 기준으로 오른쪽에는 루터가 설교단 위

루터의 설교 ⓒ위키피디아

에서 설교하고 있다. 그의 머리에는 회색빛이 만연하고 안색이 좋지 않은 것으로 보아 크라나흐는 이제 죽음을 앞두고 마지막 설교를 하는 루터를 생각하며 이 그림을 그렸다고 추측할 수 있다.

설교단 위에서 루터는 당시 교수들이 입었던 교수 가운을 입고 설교하는데, 한 손은 말씀 위에 있고, 다른 한 손은 십자가와 회중들을 가리키고 있다. 재미있는 것은 루터의 오른손이다. 그의 오른손을 보면 엄지와 검지와 중지는 펴져 있고, 약지와 새끼손가락은 모아 있다. 이는 13세기부터 전통적으로 사용되던 축복의 손으로 펴진 세 개의 손가락은 삼위일체 하나님을 상징하며, 오므린 두 개의 손가락은 예수 그리스도의 인성과 신성을 상징한다. 이제 인생의 마지막을 맞이하는 루터가 성도들을 향해서 말씀과 축복을 전하는 모습이다.

설교단을 자세히 보면 멧돼지 흉상이 조각되어 있는데, 이는 루터가 교황으로부터 파문당할 당시인 1520년 7월 15일, 루터를 그리스도의 포도원을 짓밟고 망치는 멧돼지로 비유한 교황의 황금칙서를 조롱하면서 크라나흐 주니어가 그려 넣은 것이다. 인본주의 화가 관점에서 교황의 칙서를 반박하는 또 다른 그림인 〈포도원 농장에 있는 루터〉가 제단 뒤편 벽면에 걸려 있다. 이 그림은 종교개혁가 파울 에베르Paul Eber의 비문으로, 포도원 농부들의 비유(마 20:1-16)를 바탕으로 황폐해져 가는 가톨릭 사제들의 땅과 포도나무가 자라고 있는 종교개혁가들의 땅이 대조적으로 표현되었다.

다시 제단화로 돌아가 설교를 듣는 회중들을 살펴본다. 회중들 속에는 빨간 옷을 입은 소년과 그 어머니가 나오는데, 이들은 루터의 부인인 카타리나와 아들 요한네스Johannes Luther다. 회중의 마지막 열에는 수염을 한 크라나흐 시니어가 루터의 설교를 경청하고 있다.

(2) 그리스도가 함께하는 성만찬

제단화 뒷 벽면에 있는 파울 에베르의 비문, 포도원 농부

요한복음 13장에 나오는 '최후의 만찬'을 바탕으로 크라나흐는 중앙 제단화를 그렸다. 그러나 레오나르드 다 빈치가 그린 〈최후의 만찬〉과는 상당히 대조적이다. 그의 그림에서는 원형 탁자 위에 빵과 포도주가 있지만 제자들은 각기 다른 잔을 가지고 있고, 중앙에는 어린양이 놓여 있다. 만찬 참석자들은 예수님부터 시작하여 모두 16세기 복장을 하고 있다. 예수님은 짙은 남색의 옷을 입었고, 베드로는 암녹색 옷에 하얀 천을 어깨에 두르고 있다. 예수님을 은 30에 팔아 넘긴 가룟 유다는 붉은 옷 바탕에 노란색 덧옷을 걸치고 한 손에 돈주머니를 쥐고 예수님이 주는 빵을 받아먹고 있다.

이 그림을 '최후의 만찬'이라고 하기에는 눈에 익은 제자들이 베드로와 요한, 가룟 유다밖에 없다. 오히려 등을 돌려 기사 복장의 젊은 청년과 이야기하는 인물은 보름스 제국의회에서 추방령이 떨어져 은둔 생활을 했던 시절의 마르틴 루터다. 루터를 중심으로 잔을 들고 이야기하는 인물은 크라나흐 주니어고, 왼쪽은 인쇄업자 한스 루프트Hans Lufft, 그와 함께 이야기하기 위해 고개를 오른쪽으로 돌린 인물은 루터에게 많은 영향을 준 사도 바울이며, 그 외의 인물들은 모두 비텐베르크의 인쇄업자이자 시 위원회 위원들로, 이 그림을 크라나흐에게 의뢰한 의뢰자들이다.

그림을 한 단계 깊이 들어가 보자.
흥미로운 것은 예수님이 중앙이 아닌 왼쪽 한구석에 자리 잡고 있고 후광도 없다. 예수님이 베드로와 이야기하지만 누구도 듣지 않는다. 식탁 중앙에 놓인 어린양의 머리가 예수님을 가리키면서 세상 죄를 지고 가는 어린양(요 1:29)임을 가리키고 있지만, 이곳에서 예수님은 그냥 다른 참석자 중 한 사람으로 묘사되어 있다.

　이 그림은 마르틴 루터가 제일 중요하게 강조했던 주제 중 하나인 성만찬에 대한 그림으로, 크라나흐는 성만찬 중 성찬 공동체에 실제로 함께하는 예수님을 묘사하였다. 성찬 참석자들은 가톨릭 성만찬과는 다르게 빵뿐 아니라 포도주도 함께 나누어 마시고 있고, 예수님과 함께 하나의 원형 식탁에 앉아 있는 것처럼 성찬 공동체를 이루고 있음을 표현하고 있다.

　순결, 결백을 나타내는 흰 천을 어깨에 두른 베드로는 "너희 중 하나가 나를 팔리라"(요 13:21) 하는 예수님의 말에 화들짝 놀라 "주님, 저입니까?"라고 예수님께 반문한다. 그러나 그는 이날 새벽 세 번이나 예수님을 부인했기 때문에 어깨의 하얀 천은 그의 어깨에서 흘러내렸다. 다른 이들은 예수와 베드로의 대화를 눈치채지 못하고 자신들의 이야기에 집중한다.

　예수님과 베드로의 대화에 귀를 기울였던 인물은 가룟 유다였다. 그는 중세 때 시기심을 상징했던 노란색 겉옷을 걸쳤는데, 이 노란색은 1512년 제4차 라테란 공의회에서 기독교인과 구별하기 위해 유대인에게 규정한 색이기도 했다. 크라나흐는 유다에게 노란색을 입힘으로 그가 다른 마음으로 이 성찬에 참여하고 있음을 암시하고 있다. 이런 유다에게 예수님은 "내가 떡 한 조각을 적셔다 주는 자가 그니라"(요 13:26)고 말씀하시고 입에다 빵을 넣어 주셨다. 이렇게 유다의 입에 빵을 넣는 장면은 16세기 이후 네덜란드에서 그려진 '최후의 만찬' 작품에서 등장하는 모습으로, 역사가들은 크라나흐가 1508년 네덜란드 메헬렌Mechelen에서 황제의 초상화를 그리면서 이러한 화풍을 접했을 것으로 추정한다.

그리스도가 함께하는 성만찬 ⓒ위키피디아

그럼, 누가 유다일까?

유다는 마르틴 루터와 같은 선상에서 그려졌다. 예수를 배신한 인물이 실재 성경에 나오는 가룟 유다일 수도 있겠지만, 그림의 특성상 종교개혁 역사 속에서 유다가 가지고 있는 또 다른 의미가 숨어 있을 것으로 본다.

일부 역사가들은 이 인물이 종교개혁 진영에서 첫 번째로 마르틴 루터와 성만찬 논쟁을 벌였던 보덴슈타인일 것으로 추측한다. 마르틴 루터의 박사학위 지도 교수였던 그는 루터가 주장했던 공재설, 예수 그리스도가 매번 성만찬에 실제로 함께한다는 주장과 유아세례를 받아들이지 않았다. 유아세례를 그린 왼쪽 제단화와 연관되어 생각한다면, 크라나흐는 당시 루터를 공격했던 카를슈타트(보덴슈타인의 별칭)나 스위스의 츠빙글리, 재세례파 등에 현혹되는 성도들에게 정확한 성찬과 세례를 교육하기 위해 가룟 유다를 빌려 이렇게 묘사했다는 것에 무게가 실린다. 루터도 1528년 발표한 논문 "성화와 성례전에 관하여"에서 그를 가룟 유다로 부르며 비판하였다.

믿음이 없는 유다를 성찬에 그려 넣은 크라나흐는 '믿음으로 성찬에 참여하는 것'과 그렇지 않은 자에 대한 분명한 대조를 보여주려고 했다. 성찬은 믿음과 상관없이 모든 사람이 예수님의 살과 피를 먹고 마실 수 있다. 믿음을 가지고 참여한 자는 성찬을 통해 죄의 용서와 구원을 받지만, 그렇지 않은 자는 유다처럼 심판을 받게 된다는 점을 크라나흐는 분명히 보여주고 있다.

마지막으로 성만찬이 거행되는 장소를 살펴본다. 성만찬이 거행되는 장소는 예루살렘이 아니라 중세 풍경이 아치형 창문 너머로 보이는 건물 안이다. 창문 너머에는 멀리 마을이 보이고, 돌산 위는 루터가 성서를 번역했던 바르트부르크성을 연상케 한다. 성찬이 진행되는 공간은 그 뒤 성과 마을이 보이는 열린 공간이다. 크라나흐는 예수 그리스도와 함께 성찬에 참여한 그리스도인들이 예수님의 제자가 되어 다시 성과 마을로 들어가 선교 사명(마 10:5-15)을 감당해야 함을 암시하고 있다. 이렇게 크라나흐의 작품에는 여러 상징적인 의미가 숨어 있다.

여기에서 드는 의문은 "왜 성만찬의 그림이 이곳, 중앙 제단화에 가장 큰 화폭에 담겨야 했냐?"는 것이다. 중앙 제단화 밑에 있는 예수 그리스도와 말씀의 선포보다 성만찬은 더 중요한 의미를 가지고 중앙에 자리 잡고 있다. 유아세례를 주는 멜랑히톤 그림보다 성만찬 그림에 크라나흐는 더 깊은 의미를 부여했다. 이유가 무엇일까?

루터에게 성만찬은 숨어 있는 하나님의 은혜를 인간의 눈으로 보고 느낄 수 있도록 드러낸 표시sign이며 증표certification였다. 이 성만찬 성례전의 주체는 하나님으로, 성례전은 예수 그리스도의 십자가 죽음과 부활, 다시 오심을 선포하는 말씀(고전 11:26) 그 자체였다. 제단화의 그림처럼 그리스도는 성찬에 참여하여 식탁의 주인이 되시고, 마지막 성만찬 때처럼 당신의 살과 피를 성도들에게 나누어 준다. 성도는 그리스도의 살과 피를 믿음으로 먹고 마심으로 그리스도와 공동체를 이루게 되고, 하나님과 새로운 믿음의 관계를 쌓게 된다. 이를 통해 인간은 죄를 용서받아 구원을 얻게 되는 것이다. 이 루터의 성만찬 신학을 크라나흐는 중앙 제단화 속에 하나하나 설명하고 그 의미를 숨겨 놓았다.

(3) 유아세례

왼쪽 제단화는 유아세례를 주는 장면이 묘사되어 있다. 세례자는 필립 멜랑히톤이고, 세례자를 중심으로 종교개혁가 아크빌라 Caspar Aquila가 수세자의 세례 성구 "누구든지 믿고 세례 받는 사람은 구원을 받을 것이요, 누구든지 믿지 않는 사람은 심판을 받을 것이다"(막 16:16)를 들고 서 있다. 세례자의 오른쪽에는 크라나흐 시니어가 그의 부인과 함께 수세자의 후견인으로 서 있다. 세례단 앞에는 여러 사람이 서 있는데, 대부분 여성이다.

유아세례 ©위키피디아

크라나흐는 왼쪽 제단화에서 이단이나 급진주의자들이 혼란을 주고 있는 '유아세례'를 직접적으로 보여주고 있다. 크라나흐의 자녀들도 이곳 시립교회에서 유아세례를 받았기 때문에, 세례를 받는 아기들을 축복하는 마음으로 크라나흐 부부가 수세자의 후견인으로 서 있다.

재미있는 것은 세례자가 멜랑히톤이라는 것이다. 왜냐하면 멜랑히톤은 비텐베르크대학의 교수이며 종교개혁가였지만 성직자는 아니었기 때문이다. 혹자는 멜랑히톤의 이름이 필립이기 때문에 크라나흐가 사도행전 8장 26-39절, 에티오피아 관리에게 세례를 주었던 빌립을 연상하게 하려고 멜랑히톤을 세례자로 그려 넣었다고 해석한다. 그러나 이 해석은 종교개혁과 무관하기 때문에 설득력이 떨어진다. 다른 주장은 마르틴 루터가 강조했던 모든 성도가 예수 그리스도와 성령을 통해 하나님께 직접 예배하고 교통할 수 있다는 '만인제사장설'(벧전 2:9)인데, 오히려 이 설명이 더 설득력을 얻는다.

크라나흐가 이 그림을 통해서 또 다른 종교개혁 이야기를 들려주는데, 바로 루터의 성경 번역 및 고전어 연구에 크게 공헌한 이들에 관한 이야기다. 멜랑히톤의 왼쪽에 세례 성구를 들고 있는 아크빌라는 히브리어 학자였고, 멜랑히톤은 그리스어에 정통한 학자로 루터가 구약과 신약 원전을 연구하는 데 도움을 주었다. 오른쪽 제단화의 부겐하겐 목사는 라틴어 부분에서 루터에게 도움을 주었다.

(4) 죄의 고백과 용서

오른쪽 제단화는 죄의 고백과 용서에 대한 그림이다. 그림 중앙에는 고해성사실이 있고, 그

죄의 고백과 용서 ⓒ위키피디아

앞에는 성직자가 열쇠 두 개를 들고 서 있다. 이 인물은 루터, 멜랑히톤과 함께 종교개혁을 선두에서 이끌었을 뿐만 아니라, 종교개혁 과정에서 교회 행정의 기틀을 잡은 부겐하겐 Johannes Bugenhagen 목사다. 그는 루터의 고해 신부로, 루터가 카타리나 폰 보라와 결혼하는 데 큰 역할을 하였으며, 루터의 자녀들에게 세례를 주었고, 루터의 임종

예배 때 추모사를 섰을 정도로 루터와 막역한 사이였다.

그림을 구성하는 인물들과 행동들이 흥미롭다. 죄를 사해주는 부겐하겐 목사의 손에는 두 개의 열쇠가 들려 있고, 그 뒤에 고해성사실이 있지만 죄를 고백하는 이들은 청중이 보는 앞에서 공개적인 고해성사를 한다. 한 명은 무릎을 꿇고 손을 모으며 겸손히 죄를 고백하지만 칼을 차고 서 있는 이는 심각한 표정으로 손이 묶인 채 나가려고 한다. 이들에게 부겐하겐은 각각 열쇠를 건네는데, 겸손히 죄를 고백하는 이에게는 용서의 징표로 정방향 열쇠를 건네주고, 반대로 밖으로 나가려는 기사는 역방향 열쇠를 받는다.

크라나흐는 가톨릭의 고해성사와는 전혀 맞지 않는 우측 제단화를 통해 성경(마 6:12; 18:15-18)이 이야기하는 '참회와 용서'에 대한 루터의 가르침을 이곳에서 보여주고 있다. 이 그림에서 크라나흐가 보여준 참회는 공동체와 하나님 앞에 직접 겸손히 자복하는 공개적이며 겸손한 회개(마 18:15-18)다. 이와는 대조적으로, 화려한 복장을 하고 칼을 찬 인물은 꼿꼿이 서 있다. 그는 믿음 없이 고해성사만으로 죄의 용서를 받으려는 오만한 회개의 모습을 보여준다. 죄의 용서가 당연하다고 생각했던 '오만한 회개'의 결과가 천국 문이 열리지 않는 열쇠였기 때문에, 그의 얼굴은 불편한 그의 심기를 여과없이 드러내고 있다. 그리고 그의 묶인 손이 용서받지 못한 그의 죄로 인해 하늘에서도 여전히 묶여 있음을 성도들에게 직접적으로 보여주고 있다.

5. 종교개혁의 지휘 본부, 검은수도원

비텐베르크 구시가지 루터의 길 끝에는 요한 선제후의 배려로 살게 된 신혼집, 검은수도원이 있다. 카타리나 Katharina von Bora와 여섯 자녀 그리고 입양한 친척들의 자녀 열한 명이 함께 살던 곳이다. 이곳 루터의 집은 '행복이 넘치는 보금자리'라기보다는 '종교개혁의 최고 지휘본부'라는 표현이 더 어울릴 것 같다. 왜냐하면 이곳은 가족을 제외하고도 매일 평균적으로 40여 명의 식객들이 북적댔기 때문이 었다. 논문 지도를 받아야 하는 박사 과정 학생들뿐 아니라, 독일은 물론 전 유럽에서 루터와 종교개혁을 주제로 토론하고 조언을 구하려는 사람들이 매일 몰려들었기 때문이다. 당연히 카타리나의 고민은 자녀 양육과 함께 이 큰 살림살이를 운영하는 것이었다.

루터의 사저 어거스틴수도원

당시 루터가 받았던 월급과 상여금은 총 600굴덴으로 적지 않은 돈이었다. 문제는 그 돈이 전부 카타리나에게 전달되지 않았다는 데 있다. 루터는 길을 걷다가 구걸하는 사람이나 가난한 사람들에게 자신의 월급을 나눠 주기 일쑤였다. 결국 생활비가 없게 되자 카타리나는 종종 결혼 선물로 받은 그릇을 전당포에 맡기고 돈을 융통하곤 했다고 한다. 이에 그녀는 검은수도원을 기업형으로 변화시켜, 가히 작은 중소기업이라 할 만한 곳으로 만들었다.

카타리나는 검은수도원 내에 농장과 양봉, 베이커리를 만들고, 마구간과 가축 축사 등을 대규모로 운영하였다. 게다가 살고 있는 수도원에 맥주 양조권이 있음을 알고 수녀원 시절 익혔던 실력으로 맥주 양조를 하였는데, 루터는 밤마다 이 맥주에 취해 글을 쓰곤 했다. 한번은 루터가 코부르크에 여러 달 머물게 되자 카타리나에게 편지로 맥주 한 통을 요구했다고도 한다. 그때가 1530년 신조 시대를 열었던 아우크스부르크 제국의회가 열렸던 시기였다. 이렇게 아내가 가정과 경제를 책임지고 잘 이끌어 내자, 루터는 종종 그녀를 '카타리나 주인님'이라고 농담처럼 불렀다고도 한다.

6. 루터의 동역자 카타리나 폰 보라

마르틴 루터의 든든한 후원자이자 동역자였으며, 정신적 안식처였던 카타리나 폰 보라는, 그녀 자신도 이 혼란한 시대 속에서 올바른 신앙을 찾기 위해 목숨을 건 결단을 내리고 새로운 인생을 살아간 인물이었다.

루터보다 열여섯 살 어린 카타리나는 1499년 1월 29일 리펜도르프(Lippendorf)에서 태어났다. 어머니의 병환이 심해지자 아버지는 다섯 살 난 어린 카타리나를 교육 목적으로 지역에 있는 수도원에 보냈다. 후일 고모가 원장으로 있는 마리아수녀원Kloster Mariathron으로 옮겼고, 1515년 그녀의 나이 16세에 수녀가 되기로 서약했다.

타리나 폰 보라의 동상

루터의 종교개혁은 그녀의 운명을 바꾸었다.
1521년 바르트부르크에서 융커 요르크라는 이름으로 은둔 생활을 하던 루터는 믿음 때문이 아니라, 번개 체험을 하면서 두려움과 공포심에 사로잡혀 수도사 서약을 했던 과거를 회상하며 "수도사 서원에 대하여"라는 논문을 발표하였다. 여기에서 루터는 믿음에서 우러나지 않은 행위를 죄로 단정하며, 수도사들이 수도복을 벗어야 한다고 주장했다. 그로부터 2년 뒤 카타리나가 이 책을 읽게 되었는데, 자신의 의도와 결단으로 수녀가 된 것이 아니었던 그녀는 동료 수녀들과 함께 수녀복을 벗기로 결심한 후, 루터에게 편지를 보내 도움을 청했다. 이때 루터는 집으로 돌아가기를 희망했던 수녀들을 제외한 나머지 아홉 명[15]을 비텐베르크에 있는 카르나흐 화가의 집으로 보내 숨겨주었다. 이렇게 루터와 카타리나의 인연이 시작되었다.

1523년 카타리나는 비텐베르크에서 제2의 인생을 시작하였다. 9인의 수녀가 수도원에서 탈출하여 비텐베르크에 온 사건은 당시 비텐베르크대학교에 엄청난 이슈가 되었다. 루터의 글을 읽고 결단하여 수도원에서 탈출한 것도 대단한 화제였지만, 그보다 수녀들의 결혼이 더 큰 세간의 관심거리였다.

모든 일에 주도적이었던 카타리나가 처음 사랑했던 남자는 종교개혁 도시인 뉘른베르크 출신의 법학도 히에로니무스Hieronymus Baumgartner였다. 그러나 뉘른베르크에서 부와 명예를 쌓았던 히에로니무스 부모님은 그녀가 수도원에서 탈출했다는 이유로 두 사람의 사랑을 반대하였다. 현실의 벽에 부딪히자 첫사랑을 잊고 일상을 살아가던 그녀의 마음에 들어온 이가 있었는데, 바로 마르틴 루터였다. 카타리나는 이때부터 마음 아픈 외사랑을 하기 시작했다. 이런 그녀

크라나흐의 작업장

의 마음도 모른 채 루터는 안타까운 그녀의 러브 스토리를 듣고 자신의 애제자인 신학도 카스파 글라츠Kaspar Glatz를 그녀에게 소개했다. 이렇게 그들은 서로서로 엇갈린 사랑을 하고 있었다.

루터는 처음부터 비텐베르크에 도착한 수녀들의 결혼에 팔을 걷어붙이고 나섰다. 그러면서 루터는 그중 가장 아름다웠던 아베 폰 쇤펠드Ave von Schönfeld에게 첫눈에 반했다. 실제로 이때 루터는 문지방이 달도록 크라나흐 집을 찾아갔다고 한다. 그래서 세간에는 루터가 이제 결혼할 것이라는 소문이 파다하게 퍼졌었다. 그러나 운명의 장난처럼 아베 폰 쇤펠드는 루터를 선택하지 않고 바실리우스Basilius Axt라는 크라나흐 약국에서 일하던 의대생과 결혼하였다. 이에 루터는 후일 "내가 만약 14년 전에 결혼하려고 했다면 아베 폰 쇤펠드를 선택했을 것이다. 그때만 해도 나는 카타리나를 좋아하지 않았다"라며 후회하였다. 루터는 당시 자신이 왜 결혼을 망설였는지 현공의 자문 슈팔라틴 목사에게 이렇게 편지로 토로했다.[16]

> "지금까지의 생각으로 내 사전에 결혼이란 없습니다. 그렇다고 내가 장작이나 돌덩이처럼 이성에 대한 육체적 욕망이 없는 것은 아닙니다. 다만 아직 결혼할 때가 아니라고 생각합니다. 왜냐하면 매일 이단자로의 낙인과 죽음의 그림자가 나를 따라다니기 때문입니다."

시간은 결국 기다리는 자의 편이었다. 사랑도 마찬가지였다. '루터가 나를 다른 사람과 맺어주려고 하였지만, 나는 루터가 아니면 결혼하지 않을 것이다'라고 마음먹은 카타리나는 아베가 결혼하여 떠나간 후 루터의 절친 부겐하겐 목사의 도움으로 결국 루터의 마음을 얻게 되었고, 1525년 크라나흐 부부와 멜랑히톤, 부겐하겐 목사, 이렇게 네 명의 증인 앞에서 결혼하였다. 그들의 결혼은 수도사와 수녀가 결혼한 세기의 스캔들로 기록되었다.

  이때부터 카타리나는 루터가 걸어갔던 모든 종교개혁의 길에 동행했다. 인생의 마지막을 바라보던 때에 루터는 카타리나와 자녀들을 걱정하면서 유언장에 멜랑히톤과 부겐하겐 등 자기 친구들을 아내의 후견인으로 지정하였다. 왜냐하면 당시 사회가 과부 혼자 살아가기 힘든 사회였고, 마녀사냥의 가장 좋은 타깃이었기 때문이다. 그러나 루터가 죽은 후 슈말칼덴 전쟁과 페스트로 인해 루터의 친구들은 안타깝게도 카타리나를 지키지 못했다. 1546년 가을, 황제의 연합 군대가 비텐베르크를 위협하자 카타리나는 피난을 떠났다가 1년 후 다시 돌아왔지만, 이내 비텐베르크에 페스트가 돌자 토르가우로 이사했다. 그러나 이사 도중 말이 놀라는 바람에 그만 카타리나가 마차에서 떨어지는 사고가 발생했다. 이때 그녀는 아이들을 안은 채 바닥으로 떨어져 부상을 입게 되었고, 그 후 다시 일어나지 못하고 53세의 나이로 세상을 등지게 되었다.

비텐베르크 즐기기

짧은 시간에 비텐베르크를 즐기기는 쉽지 않다. 비텐베르크를 단기간에 제대로 경험하기 위해서는 밤하늘의 별들을 바라보고 새벽이슬을 맞으며 이곳 비텐베르크에 있는 방법이 제일이다. 본 책에서는 루터의 청년 시절을 집중해서 보기 위해 대학과 만성교회, 시립교회와 어거스틴수도원을 방문했지만, 이 외에도 멜랑히톤 하우스나 크라나흐의 공방 등을 여유 있게 둘러보는 것을 추천한다. 그 밖에도 루터의 종교개혁 500주년을 기념하여 새롭게 개장한 Luther 1517 - Wittenberg 360° 루터 파노라마 기념관에서 중세의 일상을 체험해 보는 것도 추천한다.

만성교회 Schloßpl. 1, 06886 Lutherstadt Wittenberg
시립교회 Kirchpl. 20, 06886 Lutherstadt Wittenberg
레우코레아대학 Wallstraße, 06886 Lutherstadt Wittenberg
어거스틴수도원 Collegienstraße 54, 06886 Lutherstadt Wittenberg
멜랑히톤 하우스 Collegienstraße 60, 06886 Lutherstadt Wittenberg
크라나흐 공방 Markt 5, 06886 Lutherstadt Wittenberg
Luther 1517-Wittenberg 360° Lutherstraße 42, 06886 Lutherstadt Wittenberg

아이제나흐 루터 하우스

바르트부르크

📍 비텐베르크

📍 만스펠트

📍 슈토턴하임

📍 프랑크푸르트

📍 마인츠
📍 오펜하임
📍 보름스
📍 하이델베르크
📍 슈파이어

📍 아우크스부르크

📍 멤밍엔

6장

프리퀄 2

인간 마르틴 루터, 말씀으로 거듭나다

종교개혁의 심장, 비텐베르크를 뒤로하고 인간 루터를 이해하기 위해 루터 생가를 방문하려고 한다. 먼저 루터의 전기를 보면, 루터는 1483년 11월 10일 성 마틴의 날, 아이스레벤Eisleben에서 태어났다. '말자상속법'¹⁷ 때문에 할아버지로부터 재산을 상속받지 못한 아버지는 처가의 도움으로 만스펠트Mansfeld로 이사한 후 6년 동안 광부와 금속 제련사로 기반을 잡았다. 교육열이 높았던 루터의 어머니는 루터를 아이제나흐Eisenach에 있는 친척 집으로 보냈다. 아이제나흐에서 엄격한 라틴어 교육을 받으며 대학을 준비하고 있었던 루터는 게오르그 교회에서 합창단원으로 활동하며 생활비를 벌었는데, 이 교회는 2백여 년 후 음악의 아버지 바흐도 세례를 받고 합창단원으로 활동했던 곳이다. 이것을 계기로 루터는 음악에 눈을 떴고, 후일 예배 중 음악의 중요성을 강조하였다. 이후 루터는 에르푸르트대학의 기초학부에 진학하고 그곳에서 어거스틴 수도사가 되었다. 경건한 수도사 생활을 이어가던 루터는 본격적인 신학 공부를 위해 삶의 터전을 비텐베르크로 옮겼다.

시간이 되면 비텐베르크에서 내려오면서 만스펠트, 아이스레벤, 에르푸르트까지 모두 들려 루터의 발자취를 느껴보는 것도 좋다. 여기에서는 루터가 후일 '내가 사랑하는 도시'라고 기억하는 아이제나흐에서 인간 루터의 흔적을 찾아보고자 한다. 이곳 아이제나흐는 음

마르틴 루터 아이제나흐 생가와 사과나무 ⓒ위키피디아

악의 아버지 바흐와도 인연이 깊은데, 매우 신앙이 깊었던 바흐는 라이프치히에서 루터교 교회음악 감독으로 있으면서 매주 새로운 곡들을 작곡하며 예배를 준비하였다고 한다. 그에게 있어 음악은 "오직 하나님께 영광 *Soli Deo gloria*"을 돌리기 위한 도구였기 때문에 그는 자신의 악보에 항상 '오직 하나님께 영광'의 이니셜인 'SDG'를 적어 놓았다. 루터 생가와 바흐 생가는 약 300m 정도 떨어져 있다. 루터 생가와 게오르그교회를 둘러본 후 산책 삼아 바흐 생가까지 방문해 보는 것도 좋을 것 같다. 이 책에서는 루터 생가를 중심으로 인간 루터에 대해 살펴보고자 한다.

1. 인간 마르틴 루터, 아이제나흐 Eisenach

> "내일 지구가 멸망할지라도
> 나는 오늘 한 그루의 사과나무를 심겠다."

한국에서는 이 명언이 17세기 네덜란드 철학자 스피노자의 아포리즘으로 알려져 있으나, 독일에서는 루터가 한 말로 알려져 있다. 심지어 이곳 아이제나흐 루터 생가 앞에는 이를 증명이라도 하듯 사과나무 한 그루가 심겨 있다. 물론 이 명언은 스피노자의 것도, 루터의 것도 아니다. 우리나라에서는 1960년도에 처음으로 스피노자의 이름으로 이 명언이 소개되었고, 독일에서는 고백교회 목사인 로츠 Karl Lotz가 나치에 저항하는 글에서 언급하면서 퍼져 갔다. 이는 신

아이제나흐 게오르그교회 ⓒ위키피디아

실하고 가정적인 루터의 19세기 이미지를 설명하는 과정에서 첨언된 것이었다. 이를 바탕으로 루터교에서는 2023년 아이제나흐 루터 생가 앞 돌판에 루터의 명언이라고 써 놓았던 잘못된 정보를 바로잡는 내용을 상세히 기록하였다.

　　루터가 자신의 일생 중 가장 좋은 시간을 보냈다고 여겼던 이곳 아이제나흐는 종교개혁이 진행되는 시간에도 루터가 자주 방문한 곳이었다. 그는 도시 광장에 있는 게오르그교회에서 자주 설교하였는데, 제국에서 파문당한 후 납치되기 전 5월 2일에도 이 교회에서 설교하였다. 더욱이 이곳 아이제나흐는 루터가 신약성경을 번역했던 바르트부르크와 4km 남짓 떨어져 있기 때문에 루터의 삶을 상기하기에 적합한 장소라 생각한다. 여기에서는 루터의 인생을 시간별로 나누어 생각하지 않고, 그를 지배했던 심리적인 상태를 기준으로 그의 인생을 되돌아본다.

**루터의 인생은 '두려움과 확신',
이 두 단어로 나눌 수 있을 것이다.**
출생 후 가정에서뿐 아니라 학교에서도 루터를 괴롭혔던 것은 항상 두려움이었다. 어릴 적 루터의 동생 중 한 명이 죽었을 때 슬픔에 쌓인 루터에게 어머니는 '이웃집 마녀의 독' 때문에 동생이 죽었다고 설명하였다. 이때부터 루터는 '마녀'에 대한 공포와 두려움에 휩싸이게 되었다. 어른들에게서 듣게 되는 악마와 귀신에 대한 이야기, 페스트로 죽어가는 사람들에 대한 이야기들이 항상 루터를 두려움으로 몰아넣었다. 그리스도는 항상 엄격한 심판자로 성난 기사와 같다고 배웠고, 교회나 학교 등 어디에서나 '불타는 연옥'에 대한 공포를 이야기했다.

　초자연적 존재들에 대한 두려움과 함께 루터를 괴롭혔던 것은 바로 체벌이었다. 한번은 루터가 견과류를 훔쳤는데, 그날 엄마는 루터를 피가 날 정도로 훈육하였다. 아버지도 한번 매를 들면 루터가 도망가야만 끝날 정도로 심하게 매질했다. 그는 자신이 다녔던 만스펠트학교를 '악마의 학교'라고 기억했는데, 그 이유는 선생님이 학생들에게 매를 들어 혹독하게 훈육했기 때문이다. 특히 학업에 잘 따라오지 못하거나 선생님 말씀을 안 듣는 학생들에게는 당나귀 가면을 씌워서 동료 학생들 앞에 세우며 조롱하는 벌을 내렸다. 당시 루터에게 학교는 지옥 그 자체였다.

루터가 다녔던 에르푸르트대학 ⓒ위키피디아

라우테

1501년 4월 루터는 에르푸르트대학의 기초학부에 입학한다. 그는 지식의 전당에서 새로운 학문에 대한 탐구가 주는 희열과 함께 음악, 특히 성악과 라우테Laute라는 악기 연주 등을 통해 차츰 안정된 생활을 이어갔다. 물론 그렇다고 해서 루터가 두려움에서 완전히 해방된 것은 아니었다. 오히려 그 두려움의 범위가 더 넓어졌고, 더 강력해졌다. 당시 루터는 작은 단검을 몸에 지니고 다녔는데, 어느 날 이 검의 끝이 루터의 다리를 찔러 허벅지에서 피가 나는 일이 일어났다. 순간 그는 '죽을 수 있겠다'라는, 생전 처음 느껴보는 죽음에 대한 두려움에 한동안 휩싸였다. 이 두려움에서 탈출하기 위해 그는 끊임없이 노력하였다. 루터는 매일매일 그리스도를 경외하는 마음으로 자신을 속박한 두려움으로부터 구해달라는 기도를 했다. 후일 그는 "열심히 기도하는 것이 공부의 절반 이상이었다"라고 그때를 회상하였다.

에르푸르트대학에서 기초학부를 졸업한 루터는 안정된 수입이 보장된 법학을 공부하게 된다. 어려서부터 쌓였던 부모님에 대한 두려움은 복종으로 연결되었고, 자신이 무엇을 원하는지 생각해 보지도 못하고 아버지가 제시한 법률가가 되는 길에 들어섰다. 이는 아버지가 원하는 직업을 선택함으로써 어려서부터 쌓였던 부모님에 대한 두려움이 사라질지도 모른다는 막연한 희망 때문이 아닌가 싶다.

1505년 7월 2일 루터는 더 큰 공포를 경험하였다.

법학도가 된 후 만스펠트에 사는 부모님을 방문한 후 돌아가는 길에 루터는 슈토턴하임Stotternheim을 지나다 바로 옆에 떨어지는 번개를 경험하였다. 대학 입학 후 잠깐 경험했던 죽음에 대한 두려움과는 비교도 할 수 없는 죽음에 대한 극단적인 공포와 두려움이었다. 이 두려움은 약 20년 동안 그가 경험해 온 여러 종류의 두려움을 잊게 만든 극한의 두려움이었다. 그리고 처음으로 자기 스스로 자신의 삶을 결정했다. "성 안나여, 도와주소서. 그러면 제가 수도자가 되겠나이다." 이렇게 루터는 법학도의 길을 포기하고 성경 연구와 고행으로 이름난 어거스틴수도원의 문을 두드리며 수도자가 되었다.

수도자 생활은 힘든 고행의 시간이었다. 수도자들은 약 2평 남짓 되는, 기도 의자가 유일한 가구였던 기도실에서 기도와 명상, 성

루터의 번개 체험 기념비 ©위키피디아

6장 인간 마르틴 루터, 말씀으로 거듭나다   207

경 공부로 대부분의 시간을 보냈다. 루터의 하루는 새벽 두 시 기도로 시작하여 밤 아홉 시까지 토론의 시간을 제외하고는 대부분의 시간을 침묵 수행과 기도로 이어갔다. 이렇게 계속되는 기도와 침묵 수행, 연속되는 고행 속에서도 죄의 용서와 구원에 대한 물음은 더욱 커져만 갔고 믿음에 대한 확신을 찾을 수 없는 루터는 이제까지 경험해 보지 못했던 새로운 종교적 두려움에 시달렸다. 그리고 그 두려움은 루터를 더욱 금욕적인 생활로 몰아세웠다.

1515년경 루터는 수십 년간 자신을 괴롭혀 온 다양한 두려움이 한순간에 사라지는 경험을 한다. 여느 때처럼 탑에 올라가 기도하며 말씀을 연구하던 그는, 인간이 어떻게 하나님의 은혜를 받아 믿음을 얻게 되는지 그리고 그 믿음을 통해 어떻게 구원을 얻을 수 있는지에 대한 하나님의 음성을 듣게 되었다. 이 말씀을 이해하는 순간 그의 내면에서는 자신도 모르는 확신이 밀려왔다. 그의 내면에서 작용하는 믿음의 확신이 그동안 자신을 괴롭혀 왔던 모든 두려움을 날려버렸다. 루터는 이 내적인 확신을 통해 무엇이 옳고 무엇이 잘못되었는지 확실하게 구분할 수 있게 되었다. 물론 그렇다고 해서 두려움이 완전히 없어진 것은 아니었다. 루터를 교회에서 파문하고 제국에서 추방하며 심지어 죽이려는 계획들은 루터에게 또 다른 두려움을 주었다. 그러나 구원에 대한 확신을 경험한 루터는 두려움에 지배당하는 것이 아니라 그것에 맞서 싸울 힘이 생겼다. 그 힘으로 루터는 1517년 10월 31일, 교황과 면벌부의 문제점을 95개 조항에 요약하여 만성교회 문에 못 박을 수 있었다. 그 힘으로 루터는 황제 앞에서, 추기경 앞에서, 자신을 죽이려는 많은 사람들 앞에서 떳떳하게 자신이 경험한 살아있는 하나님의 말씀을 외칠 수 있었다.

루터가 과거 자신을 두려움에 떨게 했던 악마에 대한 일화는 유명하다. 바르트부르크에서 은둔 생활을 하며 성서를 번역하던 루터는 종종 악마가 자신의 번역 작업을 방해한다고 생각했다. 이때마다 루터는 큰 소리로 악마를 저주하였고, 손에 들고 있던 잉크병을 벽에 던지곤 했다. 그로 인해 벽에는 잉크 자국이 남게 되었는데, 후에 많은 사람들이 루터의 흔적을 성유물처럼 소유하고 싶어 그 자국을 떼어갔다고 전해진다.

노년으로 들어서면서 루터를 괴롭혔던 것은 그를 위협하는 두려움이나 공포가 아니라 육신의 고통이었다. 후대의 의사들은 마르틴 루터가 췌장과 신장, 순환기 질병뿐 아니라 고혈압과 통풍, 류머티즘과 협심증 등을 앓았을 것으로 추측한다. 그뿐만 아니라 그의 다리에는 궤양이 있었고 반복되는 중이염과 전염병들에 계속 노출되어 말년에는 한동안 발로 서 있을 수 없을 정도였다. 그는 주변인들에게 자주 자신의 고통에 대해 이야기했는데, 가장 고통스러웠던 순간은 치질과 변비로 고생했던 순간들이었다. 그 고통이 얼마나 심했는지, 배변을 한 후에는 "이제 천국에 들어왔다"고 소리칠 정도였다.

1546년 1월 말년의 루터는 마지막 숙제로 여겼던 만스펠트 백작의 재산 상속 문제를 해결하기 위해 고향을 방문했다. 그러나

루터의 초상 스케치 ⓒ위키피디아

그는 비텐베르크를 떠나기 전부터 자신을 '늙고, 피곤하며, 지치고, 차가운 자'라고 표현할 정도로 건강 상태가 좋지 않았음을 알고 있었다. 아이스레벤으로 가는 길에 루터는 의식도 잃고 병세가 악화되어 가까스로 자신이 태어난 고향 집에 도착할 수 있었다. 그리고 그날 새벽 1546년 2월 18일 새벽 2시 45분, 62세의 나이로 루터는 눈을 감았다. 마지막 최후의 죽음 앞에서 그는 자신의 종교개혁적 신앙양심에 따라 가톨릭 성례를 거부하고 종교개혁의 새로운 전통인 오직 예수 그리스도에 대한 신앙을 고백하는 예식으로 죽음을 맞이하였다.

　　루터는 죽기 전 마지막 저녁 식사 자리에서 "우리는 모두 탁발승과 같은 방랑자다. 그리고 그것은 사실이다"라는 어거스틴의 말로 마지막 메시지를 전했다.

2. 오직 말씀으로! 바르트부르크 Wartburg

루터가 원래 이름인 마르틴 루더 Martin Luder에서 마르틴 루터 Martin Luther로 거듭날 수 있었던 가장 큰 계기는 바로 성경 말씀이었다. 이처럼 성경은 루터에게 없어서는 안 되는 가장 중요한 인생의 필수 조건이었다. 그렇다면 과연 어떻게, 성경의 무엇이 루터의 인생을 송두리째 바꿔 놓은 것일까? 이러한 물음을 갖고 튀링엔 산들이 훤히 보이는 바르트부르크성을 올라 본다.

　　성의 이름인 '바르트 Warte'는 '경계'를 나타내는 옛날 독일어에서 유래된 것으로, 1067년 루드비히 공작에 의해 침입을 막고자 축조

된 성이다. 이후 루드비히 공작은 자신의 궁전을 이곳으로 옮기며 궁전의 기능으로 성을 확장하였다.

　이 성은 독일 역사에서 많은 인물과 사건에 연관되어 있는데, 마르틴 루터를 제외한 대표적인 인물이 13세기 루드비히 4세 공작의 부인인 엘리자베스다. 그녀는 남편이 십자군 전쟁에서 죽자 검소한 생활을 하며 사비로 가난한 사람들과 아픈 사람들을 돌보는 가운데 남은 삶을 살았고, 로마가톨릭에서는 드물게 그녀를 독일 성녀로 선포하였다. 성에 들어가면 엘리자베스와 관련된 공간과 유물들을 관람할 수 있다. 이 외에 18세기 후반 괴테가 이곳을 여러 번 방문하여 루터의 숨결을 느꼈으며, 19세기에는 500여 명의 학생들이 종교개혁 300주년 기념행사로 이곳에 모여 통일국가를 염원하며 독일 국

바르트부르크성 호텔에서 바라본 튀링엔 산맥

민에게 통일과 자유에 대한 열망을 일깨웠다.

　루터가 신약성서를 번역하던 방에는 전문 독일 가이드가 동행해야만 입장이 가능하지만, 성 내부의 카페나 정원 등은 입장권 없이도 입장이 가능하다. 성 너머로 보이는 튀링엔 산들을 바라보며 은둔 생활을 하고 있을 루터를 상상해 보는 것도 좋을 듯하다. 특히 왜 루터가 성경을, 그것도 원어 성경에서 독일어로 번역하려고 했는지, 성경이 루터에게 어떤 의미였는지를 고민해 보고자 한다. 루터는 자신의 경험을 통해 우리에게 성경이 무엇이고 어떻게 읽어야 하는가를 이야기해 주고 있다.

1) 루터에게 성경은 어떤 의미였나?

가난한 이들을 위한 성경 ⓒ위키피디아

독일어로의 성경 번역 작업은 물론 루터가 처음이 아니었다. 이미 8~9세기부터 여러 수도사가 라틴어 성경 불가타*Vulgata*를 독일어로 번역하였다. 물론 번역된 독일어 성경의 독자는 일반 성도가 아니라 성직자들이었다. 또한 성경 내용을 그림으로 표현한 후 설명을 삽입한 '가난한 이들을 위한 성경*Biblia pauperum*'이 있었다. 이 성경은 평신도를 위한 성경으로, 성경 전체의 내용이 들어있는 것이 아니라 그림으로 표현할 수 있는 내용을 선택하여 짧은 설명과 함께 그림을 삽입하였다. 이후 12세기부터 성경을 읽고 이해하려는 평신도들의 관심이 점점 높아졌으며, 그 결과 프랑스 발덴저와 같이 직접 성경을 번역하는 사람들이 생겨났다. 그러나 그들이 번역한 성경들은 교회에서 받아들여지지 않았고, 오히려 그들은 종교재판에 넘겨져 이단으로 화형 당했다. 그리고 1199년 교황 인노첸시오 3세는 개인적인 성경 강독을 금지했고, 스페인에서는 평신도의 성경 소유가 금지되었다.

물론 이후에도 계속해서 비밀리에 성경이 부분적으로 번역되었지만, 이단으로 몰리는 위험 때문에 작자 미상의 무명으로 번역되어 지역 단위로 전파되었다. 저자가 표시된 최초의 독일어 번역은 1390~1400년경 보헤미아 공국 벤첼 4세를 위해 프라하에서 번역된 벤첼 성경 Wenzelbible이다. 이 성경은 신·구약 모두 번역되었으나, 번역가는 알려지지 않았다. 총 다섯 권으로 된 이 벤첼 성경은 송아지 가죽으로 만든 벨럼 성경(Vellum Bible, 양피지 성경의 한 종류), 이를 위해 총 607마리의 송아지가 사용된 것으로 알려졌다. 이후 영국에서는 위클리프가 영어로, 프라하에서는 얀 후스가 체코어로 번역하였다.

당시 번역된 성경들의 문제는 첫째, 로마가톨릭 신학의 입장에서 번역된 라틴어 성경을 영어나 독일어, 체코어로 번역했다는 것이다. 두 번째로 언어적인 한계다. 번역본들은 주로 번역자의 지역 방언으로 쓰였기 때문에 다른 지역에서는 읽을 수가 없었다. 마지막으로 지금까지 번역된 대부분의 성경은 모두 귀족을 위한 성경들이었다. 벤첼 성경에서도 보았지만, 기본적으로 성경은 일반 성도들이 소유할 수 없는 엄청난 고가품 중 하나였다.

　루터가 살았던 시대도 이런 중세의 시대와 별반 다르지 않았다. 루터 자신도 성경, 그것도 라틴어로 된 성경을 처음 접한 곳은 에르푸르트대학 도서관이었다. 이때를 루터는 이렇게 회고한다.

> "내가 스무 살이 되도록 성경을 본적이 없었기 때문에 나는 복음서나 서신서 등이 그냥 기도문 속에 들어있는 것으로 생각했다."

　루터는 수도사가 된 후 생애 처음으로 개인 성경을 받게 되었다. 물론 라틴어 성경 불가타였다. 수도사 루터는 누구보다 더 모범적으로 수도원 규칙을 지키며 금욕적인 생활을 하였고, 성경 말씀을 연구했다. 읽은 말씀을 묵상하고 암기하면서 자신이 가지고 있는 구원에

불가타 성경 필사본, 벨기에, 1407 ⓒ위키피디아

대한 의심과 두려움을 떨쳐버리려고 노력하였다. 말씀 속에서 그는 구원에 대한 확신을 찾으려고 고군분투하였다. 그러나 후일 그는 자신의 수도원 시절을 회상하며, 수도사로서 성경을 정확히 이해하지 못했음을 고백하였다.

    1512년 박사학위 취득 후 비텐베르크대학의 교수로 임명된 루터가 맡은 강의는 성서해석학이었다. 당시 그는 모든 시간을 성서 연구에 몰두하였다. 그가 성경을 통해 해결하려고 했던 근본적인 문제는 구원에 대한 의심과 하나님의 심판, 지옥에 대한 두려움이었다. 수도사가 된 후 성경은 더욱더 무거운 짐이 되어 그를 괴롭혔다. 예수 그리스도의 계명이 그에게는 지키기 불가능한 계명이었고, 구원에 대한 의심은 더욱더 깊어만 갔다. 금욕적인 삶이나 기도 생활, 말씀 생활은 그에게 아무 도움을 주지 못했다.

    그러던 어느 날 로마서 1장 17절이 그의 영혼을 뒤흔들었다.

> "복음에는 하나님의 의가 나타나서 믿음으로 믿음에 이르게 하나니 기록된 바 오직 의인은 믿음으로 말미암아 살리라 함과 같으니라."

    인간은 인간의 행위로 하나님 앞에 의롭다고 인정받는 것이 아니라 "오직 숨겨졌던 하나님의 의인 예수 그리스도를 믿는 믿음을 통해서만 의롭다고 인정받을 수 있다"는 말씀이 루터의 가슴을 때렸다. 자신의 경건 행위나 금욕이 아닌 오직 하나님의 은혜와 긍휼로만 인간이 구원을 얻을 수 있음을 발견한 것이다.

    이 사실을 영혼 깊숙이 깨닫고 나자 성경을 바라보는 관점 자체가 바뀌었다. 지금까지 그는 성경이 하나님의 은혜를 얻기 위한 수단과 구원에 대한 두려움을 떨치기 위한 도구라고 생각하며 혼돈 속에 살아왔지만, 성경이 예수 그리스도를 통한 구원 계획이 숨겨져 있는 하나님의 말씀인 것을 깨닫자 비로소 성경이 말하는 하나님의 말씀을 듣고 깨달을 수 있게 되었다.

"오직 말씀으로"는 루터에게 있어 신학적인 주제를 집약해 놓은 표어가 아니라 개인적 체험을 통해 얻은 신앙고백이며 세상을 향한 선포였다. 믿음으로 거듭난 후 그는 말씀에 대한 새로운 열정과 진심으로 매일매일 말씀의 소리를 듣기 위해 노력하였다.

"나는 오랫동안 매년 두 번씩 성경 통독을 해 오고 있습니다. 만약 성경이 커다란 나무고 말씀들이 가지라고 한다면, 저는 모든 가지를 흔들어서 그 가지에서 무엇이 열리는지 알고 싶었습니다. 그리고 항상 성경을 읽을 때마다 저는 그 나뭇가지에서 사과와 배들을 따곤 했습니다."

2) 바르트부르크 신약성서 번역

1521년 5월 2일 루터는 아이제나흐에서 설교를 마치고 길을 떠났다. 최초 계획은 바로 비텐베르크로 가는 것이었지만, 마지막으로 할머니를 보기 위해 뫼라Möhra로 돌아갔다. 5월 4일 뫼라에서 비텐베르크로 향하던 중 저녁 무렵, 갑자기 숲에서 기사들이 나타나 루터를 납치하여 그를 민간인 복장으로 갈아입혔다. 그리고서 곧바로 그를 비텐베르크성으로 데리고 왔다. 이렇게 루터는 세상의 관심에서 사라졌고, 루터는 다음 해 3월 1일까지 10개월을 이곳에서 보냈다.

    루터가 성경을 번역한 바르트부르크성에 있는 '루터의 방'은 단출하다. 의자와 책상 각각 하나, 겨울에 난방하는 페치카와 옷장, 이것이 전부다. 이곳은 원래 감옥으로 사용되던 곳이었다. 루터는 이 방에서 1521년 12월 18일부터 11주에 걸쳐 신약성서를 그리스어에서 독일어로 초벌 번역하였다. 당시 루터의 그리스어 수준이 전문적인 학자들에 비해 높지 않았기 때문에, 그는 번역 과정에서 에라스무스가 그리스어에서 라틴어로 번역한 성경을 참고하였고, 그리스어 교수인 멜랑히톤이 그의 초벌 번역을 감수하였다.

    루터의 독일어 성경인 『9월성경』이 독문학에서 큰 의미를 차지하는 이유는 과거 다른 독일어 번역본과는 다르게 루터가 독일어 구어체를 사용하여 성경을 번역했기 때문이다. 루터는 자신의 성경이 글자로 쓰여 읽히는 것보다

바르트부르크성에 있는 루터의 방

바르트부르크로 올라가는 길에 있는 이정표

모든 사람의 입을 통해 낭독되기를 희망하며 번역하였다. 때로 독일어 단어가 생각나지 않거나 모르면 시장으로 나가서 사람들이 어떤 단어를 사용하는지 관찰하고 메모하였다가 번역에 사용하였다.

이렇게 번역된 루터의 독일어 성경은 루터가 비텐베르크로 돌아온 후 동역자들의 검토와 수정을 거쳐 비밀리에 크라나흐의 작업장에서 인쇄되었다. 9월 말에 있을 라이프치히 도서 박람회 전시를 위해 크라나흐는 가장 믿을 수 있는 동료들만으로 세 대의 인쇄기를 돌려 인쇄하였다.

루터는 말씀을 통해 자신이 경험했던 구원의 확신과 자유를 모든 성도에게 보여주고자 모든 이가 사용하는 구어체 독일어로 성경을 번역하였다. 그리고 구텐베르크의 인쇄기를 통해 그의 상상은 현

바르트부르크성

실이 되었다. 하나님 말씀은 이제 더 이상 배운 사람과 귀족들, 성직자들만의 전유물이 아니라 모든 성도가 읽고 듣고 깨달을 수 있는, 모든 이를 위한 생명의 말씀이 되었다. 두려움에 떨고 있었던 수많은 성도들이 말씀을 통해 믿음으로 거듭나 구원의 확신을 가지며, 제2, 제3의 루터가 되어 세상으로 나오는 순간이었다.

아이제나흐와 바르트부르크

비텐베르크에서 루터의 생가가 있는 아이제나흐로 이동하면서 혹시 시간이 허락된다면 루터가 태어난 아이스레벤이나 루터가 처음 학교에 다녔던 만스펠트, 대학에 다니고 수도사로 입문했던 인문 도시 에르푸르트 등을 거쳐 아이제나흐로 가도 좋을 듯하다. 물론 에르푸르트를 제외하고는 루터가 어렸을 때 살았던 곳이기 때문에 내용과 분위기는 비슷하다.

아이제나흐에서는 루터의 생가 외에도, 루터가 설교했고 음악의 아버지 바흐가 세례 받았던 게오르그교회, 바흐의 생가를 함께 방문해 볼 것을 추천한다. 바르트부르크성은 산 중턱에 차를 주차하고 올라가야 한다.

아이제나흐 루터 하우스 Lutherpl. 8, 99817 Eisenach
아이제나흐 게오르그교회 Pfarrbereich Eisenach Georgenbezirk, Markt 1X, 99817 Eisenach
아이제나흐 바흐 하우스 Frauenplan 21, 99817 Eisenach
아이스레벤 루터 하우스 Lutherstraße 15, 06295 Lutherstadt Eisleben
만스펠트 루터 부모님 생가 Lutherstraße 29, 06343 Mansfeld

루터의 번개 체험 기념비 Luthersteinweg 1, 99095 Erfurt
에르푸르트대학 Michaelisstraße 39, 99084 Erfurt
에르푸르트 어거스틴수도원 Augustinerstraße 10, 99084 Erfurt
바르트부르크성 Auf der Wartburg 1, 99817 Eisenach

- 비텐베르크
- 만스펠트
- 아이제나흐 루터 하우스
- 바르트부르크
- 슈토턴하임
- 프랑크푸르트
- 마인츠
- 오펜하임
- 보름스
- 하이델베르크
- 슈파이어
- 아우크스부르크
- 멤밍엔

7장

하나님의 종교개혁

루터가 시작하고 하나님의 사람들이 함께 완성했다

"처음 프로테스탄트, 루터"를 찾는 여정은 대략 1,600km를 달리는 7~10일 일정의 종교개혁 순례다. 물론 이 책에서는 시간적인 제약 때문에 루터의 종교개혁에서 꼭 들러야 하는 중요한 도시들만 선택하여 방문하고 설명하였다. 아쉽게도 종교개혁뿐 아니라 중세를 이해하는 데 좋은 길잡이가 되는 많은 도시를 지나쳤다. 예를 들면 프랑크푸르트와 마인츠 사이에 있는 비스바덴이나 영화 〈장미의 이름〉을 촬영한 에버바흐수도원, 멤밍엔에서 가까운 콘스탄츠나 츠빙글리 종교개혁의 고향 취리히, 스트라스부르크, 동화의 성 백조의 호수, 뮌헨, 뉘른베르크, 라이프치히 등이다.

이러한 아쉬움을 뒤로하고 이제 서론에서 던졌던 질문에 대한 답을 생각하면서 기나긴 여정을 마무리해야 할 것 같다.

> "루터의 종교개혁은 과거의 종교개혁과 비교할 때 어떤 이유로 인해 성공할 수 있었을까?"

지금까지 방문한 루터의 종교개혁과 관련된 여러 도시가 들려주는 이야기들을 종합하면, 크게 세 가지 이유를 찾아볼 수 있다.

그 첫 번째는 르네상스와 인본주의, 대항해 시대가 만든 16세기가 종교개혁을 완성하는 발판이 되었다. 중세 신학은 플라톤의 형이상학과 라틴어권의 교부철학을 바탕으로 시작하였고, 이는 모든 학문과 예술의 기준이 되었다. 그리스어로 된 고대의 다양한 학문은 중세 신학적 기준에 의해 부분적으로 선택되어 그 명맥을 이어 왔다. 이러한 중세에 충격을 주었던 사건은 '십자군 전쟁'이었다. 기독교가 거부한 그리스 철학은 이슬람으로 흘러 들어가 학문적, 문화적 부흥을 이루었기 때문이다. 의학과 과학을 위시한 대부분의 이슬람 학문은 유럽 중세와 대조를 이루었다. 이러한 충격은 이탈리아 시인 프란체스코 페트라르카가 '인본주의'라는 교육 부흥 운동을 일으키게 했고, 이 인본주의는 이탈리아뿐 아니라 전 유럽으로 확산되었다. 그 결과, 학자들과 예술가들은 그동안 잊혔던 '인간'에 집중하려고 노력하였다. 당시 인본주의는 신을 거부하고 인간을 세상의 중심에 놓으려 한 것이 아니었다. 그들은 신의 창조를 형이상학적 관점이 아닌 인간의 이성을 통해 이해하려고 했다. 이러한 구조적 변화는 성도들에게 교회에서 배운 강요된 신앙을 청산하고, 말씀을 통해 스스로 하나님을 발견하며, 자신의 언어로 하나님을 고백하도록 인도하였다. 결국 인본주의는 '중세'라는 커튼에 가려졌던 고대의 문화들을 되살려 세련된 내일을 여는 새로운 문화로 발전해 나갔다.

모든 국가는 경쟁적으로 인본주의를 표방한 학문과 예술이 집대성된 도시들을 만들었다. 루터도 이러한 도시 중 하나였던 에르푸르트에서 인본주의적 영향을 받으며 학업을 시작하였다. 물론 루터가 말씀을 통해 네 가지 *Sola*를 경험한 후 당대 대표적인 인본주의 신학자 로테르담의 에라스무스와 결별하였지만, 고전어를 통해 고전 문헌과 원문을 연구하려는 인본주의적 학문 연구 방법은 루터의 신학 형성이나 성서 번역에 많은 도움을 주었다. 루터가 바르트부르크성에서 번역한 독일어 성경은 에라스무스가 편집 발간한 최초의 그리스어 원어 성경을 번역한 성경이었다.

　인본주의와 르네상스의 발달은 학문과 상업의 성장으로 이어졌으며, 그 결과 자본을 축적한 신흥 계급과 지식인들이 증가하였다. 학문과 예술에 대한 그들의 수요는 높아져 갔지만, 지식의 생산과 유통은 항상 제한적이었다. 이렇게 정체되어 있던 구조를 혁신한 것이 바로 마인츠 구텐베르크의 금속 활판 인쇄술 발명이었다. 인쇄술 발명 초기, 사람들은 그의 인쇄술이 몰고 올 혁명적 시대에 대해 감히 상상할 수 없었다. 구텐베르크의 인쇄술이 혁명적 성과를 보여준 계기는 루터의 종교개혁이었다. 루터의 95개 조항 반박문, 1520년대에 발표한 3대 논문 등이 지속적으로 인쇄되어 전 유럽에 퍼져 나갔다. 본격적인 혁명은 루터가 번역한 신약성서가 인쇄되면서부터 시작되었다. 그전까지는 라틴어로 된 책들이 주류를 이루었지만, 1522년 루터의 『9월 성경』을 기점으로 독일어로 된 인쇄물들이 폭발적으로 늘게 되었고 종교개혁의 견인차 구실을 하였다.

　포르투갈과 스페인이 시작한 대항해 시대는 우물 안 개구리였던 유럽의 눈을 뜨게 한 엄청난 발견이었다. 전통적으로 예루살렘과 유럽이 온 세계와 지구, 우주의 중심이라는 믿음으로 천체와 지도를 그려 왔던 유럽의 기독교적 세계관이 통째로 흔들리는 순간이었다. 여기에 코페르니쿠스의 혁명 등이 더해져 그 변화는 더욱더 가속되었다. 실크로드를 대체할 목적으로 새로운 항로가 개척되었고, 그 과정에서 알려지지 않았던 새로운 나라들이 발견되고 식민지화되었다.

그 결과, 스페인과 같이 식민지로부터 축적된 부와 군사력을 겸비한 강력한 중앙집권적 군주 국가들이 등장하였고, 300여 개가 넘는 왕국, 공국, 후국, 백국 등의 영방국으로 구성된 다민족 영토 복합체 신성로마제국의 기틀이 흔들리기 시작했다.

이러한 시대 변화가 집약적으로 나타났던 시기가 루터가 살았던 15세기 말, 16세기 초다. 천 년을 이어온 중세의 전통은 새롭게 밀려드는 정신적 변화나 문화적 발전, 새로운 대륙의 발견 등에 흔들려 균열을 가져왔다. 다각적인 변화와 변혁의 물결 속에서 많은 사람들은 하나님 앞에서 거듭날 준비를 하고 있었다. 하나님은 이렇게 세상의 모든 부분이 변화하여 조각들이 하나로 맞춰질 하나님의 때를 준비하고 있었던 것이다.

두 번째는 독일 작센 공국의 선제후 프리드리히 3세다. 여기에는 독일과 작센 공국이라는 지역적 특징과 선제후 프리드리히 3세라는 인물적 특징이 함께 어우러져 있다. 신성로마제국의 정식 명칭은 '독일 민족의 신성로마제국'이다. '독일 민족'이라는 수식어에서 보여주듯이 신성로마제국은 독일 민족의 제국이었다. 그러나 황제가 독일 왕가에서 오스트리아의 합스부르크 왕가로 옮겨지면서 독일 공국들은 자신들의 권리를 보장받기 위해 제국의 헌법적 역할을 했던 '선거 협약'을 황제와 맺었다. 루터가 종교개혁을 시작한 후 교황의 로마 소환에 응하지 않고 독일 지역 내에서 신학 논쟁과 심문을 받을 수 있었던 것이나 독일 내에서 재판을 받을 수 있었던 모든 이유는 바로 이 '독일 민족'의 권리 때문이었다.

물론 권리도 힘이 있는 자만이 누릴 수 있다. 반대로 이야기하면 권리가 있어도 힘이 없다면 그 권리를 누릴 수 없다는 말인데, 루터가 독일 여느 다른 지역이 아닌 이곳 작센 공국, 그것도 프리드리히 현공의 영토에서 출생하고 공부했다는 것이 하나님의 계획이었다. 왜냐하면 당시 독일인의 권리가 받아들여진 배경에는 제국의 1인자였던 작센 공국의 프리드리히 선제후가 있었기 때문이다.

종교개혁 초기 현공은 독일 비텐베르크에서 벌어진 사건이 종교적인 문제였기 때문에 겉으로는 관망하는 입장이었지만, 실질적으로는 '선거 협약'에 근거한 법적인 근거를 핑계로 교황으로부터 루터를 보호하였다. 루터가 공식적으로 제국 재판에서 추방령을 받은 후부터 더 이상 공식적으로 보호받지 못하게 되자 그는 차선책으로 루터를 납치하여 바르트부르크에서 보호하였다. 이후 루터를 통해 비텐베르크가 인문 도시로 거듭나자 프리드리히는 자신의 정치적 힘으로 루터를 보호하였다.

아쉽게도 그의 죽음이 너무 빨리 왔지만, 그의 빈자리는 그의 동생 요한과 헤센의 방백 필립이 대신했다. 그리고 이제는 루터가 혼자가 아니었다. 신앙적·정치적 동역자들이 함께 운명 공동체를 이루며, 종교개혁을 이끌어 갈 수 있게 되었다. 프리드리히 선제후의 역할은 루터가 동역자를 얻을 수 있을 때까지였다. 이렇게 루터는 독일 작센 공국의 선제후 프리드리히 현공의 도움으로 종교개혁을 이어갈 수 있었다.

마지막 이유는 마르틴 루터다. 루터가 종교개혁을 시작하기 전에도 멤밍엔에서 샤펠러 목사가 성경을 근거로 성도들과 함께 멤밍엔의 신앙 개혁을 주도했다. 샤펠러뿐 아니라 많은 성직자가 당시 로마가톨릭교회와 교황의 전횡이 비성경적임을 파악하고 개혁해야 한다고 생각하고 있었다. 개혁에 대한 많은 외침 속에서 하나님은 루터의 목소리를 종교개혁 선두에 세우셨다.

    루터는 삶에서 결정적인 경험을 거치며 그의 내면 또한 변화했고 성숙해졌다. 기초 대학을 졸업하고 전공을 선택할 때까지, 그는 어려서부터 경험했던 부모님의 체벌에 대한 두려움 때문에 자신이 정말 해 보고 싶은 것을 고민하지 못한 채 부모님의 선택을 따라야 했다. 벼락 체험에서 그는 수도사가 되는 것으로 죽음의 공포로부터 피하려 했고, 수도사가 된 후부터 변하기 시작했다. 구원에 대한 근본적 물음에 부딪혀 괴로워했던 루터는 이 문제를 포기하지 않고 정면으로 돌파하려 몸부림쳤다. 자신이 할 수 있는 모든 방법을 동원하여 문제를 해결하려고 노력하면서 그 두려움 너머에 있는 하나님을 만나려고 루터는 발버둥쳤다. 그가 가지고 있었던 '교수'라는 사회적 신분은 그의 길에 아무런 걸림돌이 되지 않았다. 그리고 그렇게, 그 길에서 루터는 성경 속에서 말씀하시는 하나님을 만났다. 그 순간부터 그는 종교개혁의 중심 사상이 되었던 네 가지 Sola- '은혜, 그리스도, 믿음, 말씀'을 깨닫게 되었다.

    끝없는 집념을 가지고 문제의 답을 찾으려는 노력 속에서 그는 말씀 속에서 하나님을 만나게 되었고, 그 거듭남은 루터를 신학자 루터에서 종교개혁가 루터로 변화시켰다. 물론, 종교개혁가 루터의 인생 앞에는 그가 이전에 경험하지 못했던, 목숨을 위협하는 또 다른 두려움의 순간들이 펼쳐졌다. 그러나 이제 루터는 더 이상 과거의 루터가 아니었다. 얀 후스처럼 화형장의 불꽃 속에서 사라질 수 있다는 두려움이 그를 고민하게 했지만, 그의 발목을 잡지는 못했다. 그리고 그렇게 29년의 세월을 달려가 그는 1546년 비텐베르크 만성교회에 잠들었다. 그로부터 9년이 지난 1555년 그의 종교개혁은 신성로마제국에서 공식적으로 인정되었고, 가톨릭과는 다른 새로운 신앙의 문을 열었다.

마르틴 루터의 종교개혁은 루터와 일부 종교개혁가들에 의해 완성되었던 종교개혁이 아니다. 마르틴 루터의 종교개혁은 하나님이 오래전부터 계획했던 하나님의 종교개혁이었다. 이를 위해 하나님은 수많은 시간 동안 침묵하며 하나님의 때와 장소를 준비해 왔다. 하나님의 준비는 여러 사람을 통해 이어져 왔는데, 그 선봉에 섰던 인물들이 화형장의 불꽃 속에서 순교했던 종교개혁가들이었다. 하나님의 계획은 마르틴 루터라는 온전히 예수 그리스도만을 바라봤던 한 신앙인을 통해서 시작되었지만, 부인 카타리나, 멜랑히톤, 크라나흐, 부겐하겐뿐 아니라 인생의 마지막을 바라보며 신앙을 결단했던 프리드리히 현공, 종교개혁을 자신의 정치적 도구로 이용했던 모리츠, 열정적이었던 헤센의 필립 방백 등 숨겨진 하나님의 사람들과 함께 완성되었다. 이것이 바로 마르틴 루터가 시작했고, 하나님의 사람들이 함께 완성한 하나님의 종교개혁이었다.

에필로그

마르틴 루터는 개신교의 시작이다.

개신교의 첫발을 뗀 루터의 영성, 종교개혁의 현장을 직접 보고, 듣고, 체험하기 위해 많은 순례자가 독일 종교개혁 순례지를 방문한다. 그러나 대부분의 방문자가 공통적으로 이야기하는 것이 '시간에 대한 아쉬움'이다. 시간이 너무 짧다는 것이다.

그렇다. 5백여 년 전 루터를 상상하고 그의 심정과 신앙적 결단을 묵상하며 내 것으로 만들기에 3~4일은 너무 짧은 시간이다. 많은 방문자가 바쁜 일정과 짧은 시간에 몰려드는 엄청난 정보의 양 때문에 아쉬움을 이야기한다. 더 안타까운 것은 이곳에서 보낸 짧은 시간이 나중에는 아련한 기억과 사진 몇 장의 추억같이 기억의 끝자락으로 밀려난다는 것이다. 이 부분이 저자가 이 책을 집필하게 된 가장 큰 이유다.

그렇게 짧게 경험했던 루터의 종교개혁이 여행의 추억일 수 있지만, 필자는 그 짧은 시간이 처음 프로테스탄트였던 루터와의 만남으로 기억되길 희망한다. 오히려 단체 여행을 통해 짧게 경험한 루터의 종교개혁이 '하나님의 종교개혁'이라는 커다란 주제의 초록과 목차를 읽은 것이라 말하고 싶다. '종교개혁'의 초록과 목차를 읽은 순례자들에게 이 책은 '종교개혁'의 본론을 이해하는 좋은 안내서가 될 것이다. 사람을 통해 일하시는 하나님의 계획을 이해하기 위해 이 책에서는 신학적인 면이나 역사적인 내용뿐 아니라 루터와 그의 주변에 있었던 동시대 사람들의 인간적인 면을 소개하려고 노력하였다. 물론 이 책은 종교개혁 순례를 처음 준비하는 독자들에게도 마르틴 루터의 종교개혁을 이해하는 데 좋은 안내서가 될 것이다.

종교개혁 이야기를 쓰면서 필자가 노력했던 한 가지는 '쉽게 쓰는 것'이었다. 사건을 설명하거나 신학적 용어를 선택할 때, 모든 사람이 부담 없이 읽고 이해할 수 있도록 노력하였다. 물론 결과가 노력한 만큼 나오지 못한 한계가 있기는 하지만, 이러한 목적 때문에 때로는 내용이 길어졌다는 것을 이해해 주기 바란다.

마지막으로 이 글을 통해 독자들이 루터를 깊이 묵상하고 고민하는 순례자가 되기를 희망한다. 이러한 목적 때문에 종교개혁 순례를 '자동차로 하는 순례'로 소개한 것이다. 순례자가 타임워프하여 5백 년 전 루터의 시간으로 돌아가 루터와 함께 느끼고 경험하기를 희망한다. 이 책을 통해 독자들이 종교개혁의 1장부터 7장까지의 본문을 현장에서 직접 보고, 느끼고, 묵상하고, 경험함으로써 제2의 루터로 거듭나기를 희망한다.

구원에 대해 깊이 고민했던 루터와 함께 비텐베르크 밤하늘의 별들을 바라보고, 교회의 잘못에 대해 고민했던 루터처럼 새벽이슬을 맞으며 비텐베르크 돌길을 걷고, 루터가 설교했던 교회에 앉아 루터의 음성을 상상하며 말씀을 묵상해 보는 것, "하나님, 내가 여기 서 있습니다. 다른 것은 할 수 없습니다" 고백하며 세상의 절대 권력인 황제 앞에 나갔던 '루터의 순간' 속에서 '나는 어떤 고백으로 여기에 서 있는가?'를 생각해 보며 '나의 순간'을 찾는 영적 순례가 되기를 희망한다.

미주

1 'Wahlkapelle'라는 독일어 명칭을 직역하면 '투표(또는 선거) 기도실'인데, 이것을 '선택의 기도실'로 의역하였다(편집자 주).

2 미성문교회의 명칭은 시대에 따라 변화되었다. 14세기에 교회가 건축될 당시에는 '만성교회'(Allerheiligenkirche)로 불렸다. 그러나 이 교회가 비텐베르크 성과 함께 건축된 궁정 교회였기 때문에 '성교회'(城敎會, Schlosskirche)라는 별칭을 가지게 되었다. 시간이 지나면서, 이 교회에서 박사 학위 수여자가 설교를 하게 됨에 따라 '대학 교회'로도 불리게 되었다. 원래 한국어로는 '성교회'라고 번역하는 것이 맞지만, 일부에서 '성문교회'라는 명칭을 사용하기 시작하면서 '만성교회'와 함께 일반화되었다. 본 책에서는 세 개의 이름이 내용에 따라 혼용되어 사용되었다(편집자 주).

3 모곤(Morgon)은 고대 켈트족이 주로 갈리아와 브리타니아 지역에서 숭배했던 신으로, 로마 제국의 신 마르스(Mars)와 동일시되는 신이다. 모곤은 주로 지역 사회를 지키는 수호신이나 전쟁의 신으로 여겨졌다. 이 켈트 신앙은 후일 로마 신화와 융합되어 발전하였고, 라인강 인근에서 그를 숭배하는 제단이 발굴되었다: Becker, 131-132.

4 '루터의 순간'은 2021년 4월 17일 23시, 보름스의 문화교류 코디네이터 다비드 마이어의 제안과 헤센-나사우 주 교회(EKHN)의 주최로 개최되었던 행사 슬로건이었다. 이 행사를 계기로 많은 방문자들이 1521년 4월 17일 밤, 마지막 변론을 앞두고 고민했을 루터의 심정을 상상하며 이곳 하일 공원을 방문한다(편집자 주).

5 Luther, M., Disputatio Heidelbergae habita: in WA 1, 350-374.

6 작센의 요한 선제후, 브라운슈바이크의 에른스트와 프란츠 대공, 안할트의 볼프강 대공, 브란덴부르크의 게오르그 후작, 헤센의 필립 방백.

7 14개 도시들: 하일브론, 켐프텐, 이스니, 콘스탄츠, 린다우, 멤밍엔, 뇌르들링엔, 뉘를베르크, 러이틀링엔, 생 갈렌, 스트라스부르크, 울름, 바이센부르크, 빈트스하임.

8 당시 페르디난트 1세가 대독한 내용을 재구성하여 번역하였다: Klotz, 99.

9   Oberman, 156-157.

10 트리엔트 공의회는 이탈리아 북부 트렌토(Trento)와 볼로냐(Bologna)에서 18년동안 (1545~1563년) 간헐적으로 개최되었던 공의회다. '트리엔트'(Trient)라는 명칭은 트렌토의 독일식 이름으로, 교회사에서는 트리엔트 공의회로 부른다.

11 작센 선제후의 이름인 '프리드리히'(Friedrich)는 '평화로운'이라는 뜻의 형용사이다 (편집자 주).

12 참조: Hein, 184.

13 여기에서 죄의 고백과 용서는 현재 개신교에서는 성례전으로 포함하고 있지 않다. "너희가 누구의 죄든지 사하면 사하여질 것이요 누구의 죄든지 그대로 두면 그대로 있으리라 하시니라"(요 20:23). 말씀을 근거로 루터는 초기에 고해성사까지도 성례전에 포함시켰지만 후기에는 정확히 그리스도가 명령한 성례전인 세례와 성만찬만을 성례전으로 인정하였다.

14 제단화의 중심은 성만찬이지만 성만찬 밑 제단과 연결되는 '설교단에서 설교하는 루터' 장면을 먼저 감상하는 것이 전체 구성을 이해하는 데 도움이 될 것 같다.

15 카타리나 폰 보라와 함께 님브쉔(Nimbschen)의 마리엔트론(Marienthron) 수도원을 탈출한 수녀들의 수에 대한 기록은 학계에서 일치하지 않는다. 한 가지 보고에 따르면, 총 12명의 수녀가 수도원을 탈출했으며, 그중 3명이 고향으로 돌아가고 9명만이 비텐베르크(Wittenberg)로 갔다고 한다(Schilling, 527~528). 반면, 또 다른 보고에서는 최초로 9명이 수도원을 탈출하여 비텐베르크로 향했고, 이후 3명이 추가로 탈출하여 고향으로 돌아갔다고 전한다(Albrecht, 29).

16 Scholz, 83-84.

17 '말자상속법'은 자녀 중 가장 어린 아들이 가문의 모든 재산을 상속받는 제도로 '장자상속법'과는 반대되는 개념이다. 성경에서 이삭이나 야곱 등이 '말자상속법'에 따라 유산을 상속받았다. 주로 유목민이나 독일, 스위스 일부 지역 등에서 땅의 분할을 막고 가문의 전통을 잘 유지하려는 목적에서 '말자상속법'이 발달했다: Vivelo, 177-178.

참고문헌

1. 1차 문헌 및 사전

D. Martin Luthers Werke. *Kritische Gesamtausgabe(WA), J. F. K. Knaake u. a. hrsg., 73 Bde.* Weimar: Hermann Böhlau, 1883~2009.

_____.*Lexikon für Theologie und Kirche (LThK), 3. Auflage.* Freiburg: Herder, 1993~2001.

_____.*Religion in Geschichte und Gegenwart(RGG), 4. Auflage.* Tübingen: Mohr Siebeck, 1998~2005.

_____.*Theologische Realenzyklopädie (TRE).* Berlin/New York: Walter de Gruyter, 1977~2004.

2. 국내 단행본 및 번역서

Neve J. L, Hieck O. W/서남동 역. 『기독교교리사』. 서울: 대한기독교서회, 2015.

Luther M/지원용 역. 『종교개혁 3대 논문』. 서울: 컨콜디아사, 1993.

이상규. 『교회개혁사』. 서울: 성광문화사, 1997.

이양호. 『루터의 생애와 사상』. 서울: 대한기독교서회, 2002.

_____.『종교 개혁가들의 성찬 논쟁』. 서울: 총신대학교, 1998.

이현담. 『칼뱅의 성만찬론: 성만찬 예배회복운동』. 서울: 한국학술정보, 2008.

3. 외국 단행본

Albrecht Th.. *Katharina von Bora – Geschichtliches Lebensbild.* Berlin: Georg Reimer, 1900.

Aland K. hrsg. *Werke Martin Luthers in neuer Auswahl für die Gegenwart Bd. 10: Die Briefe, 2. Auflage.* Göttingen: Vandenhoeck & Ruprecht, 1983.

Barge H. *Andreas Bodenstein von Karlstadt Bd. 1: Karlstadt und die Anfänge der Reformation.* Leipzig: Dürr'sche Buchhandlung, 1905.

Barth K. *Die Theologie Zwinglis,* Zürich: Theologischer Verlag. Zürich, 2004.

d'Aubigné, J. H. *Geschichte der Reformation des 16. Jahrhunderts, Kunkel, M.(übers.), Bd. 4.* Stuttgart: Liesching, 1848.

Friedrich M. *Heinrich Bullinger und die Wittenberger Konkordie: Ein Ökumeniker im Streit um das Abendmahl, Zwingliana Bd 24.* Zürich: Theologischer Verlag Zürich, 1997.

Gäbler U. *Huldrych Zwingli: Eine Einführung in sein Leben und Werk.* Zürich: Theologischer Verlag Zürich, 2004.

Hauschild T. *Handbuch der Kulturanthropologie: Eine grundlegende Einführung.* Stuttgart: J.B. Metzler, 2018.

Hauschild W.-D. *Lehrbuch der Kirchen- und Dogmengeschichte Bd. 2.* Gütersloh: Gütersloher Verlagshaus, 1999.

Hautz J. F. *Geschichte der Universität Heidelberg: nach handschriftlichen Quellen nebst den wichtigsten Urkunden Bd. 1.* Mannheim: J. Schneider, 1862.

Hebig D. hrsg. *1000 Jahre deutsche Geschichte.* Berlin: Union Verlag, 1990.

Hergenröther J. A. G. *Handbuch der allgemeinen Kirchengeschichte Bd. 3.* Wien: Wilhelm Braumüller, 1886.

Joseph P. *Die Münzen von Frankfurt am Main.* Frankfurt am Main: Druckerei von A. Osterrieth, 1896.

Jung M. H. *Die Reformation: Theologen, Politiker, Künstler.* Göttingen: Vandenhoeck & Ruprecht, 2008.

Kaufmann T. *Der Anfang der Reformation.* Tübingen: Mohr Siebeck, 2018.

Klotz F. *Speyer: Kleine Stadtgeschichte.* Speyer: Bezirksgruppe Speyer des historischen Vereins der Pfalz, 1988.

Köhler W. *Zwinglis Glaubensbekenntnis, Zwingliana Bd. 5, Nr. 5–6.* Zürich: Zwingli Verlag, 1931.

Kühn J. *Die Geschichte des Speyerer Reichstags 1529, Schriften des Vereins für Reformationsgeschichte 146.* Leipzig: M. Heinsius Nachfolger, 1929.

Ludolphy I. *Friedrich der Weise: Kurfürst von Sachsen 1463~1525.* Leipzig: Leipziger Universitätsverlag, 2006.

Neuser W. H. *Dogma und Bekenntnis in der Reformation: Von Zwingli und Calvin bis zur Synode von Westminster, in: Handbuch der Dogmengeschichte (HDThG), Bd. 2.*

Tübingen: Vandenhoeck & Ruprecht, 1988.

Oberman H. A. *Die Kirche im Zeitalter der Reformation, 3. Auflage.* Neukirchen: Neukirchener Verlag, 1988.

Osten-Sacken P. v. d. *Martin Luther und die Juden – neu untersucht anhand von Anton Margarithas "Der gantz Jüdisch glaub"(1530~31).* Stuttgart: Kohlhammer, 2002.

Pieper D, Schnurr E.-M. hrsg. *Die Reformation: Aufstand gegen Kaiser und Papst.* München: C.H. Beck, 2016.

Reinhardt H. *Martin Luther und die Wittenberger Konkordie (1536), Beiträge zur historischen Theologie 201.* Tübingen: Mohr Siebeck, 2021.

Sallmann M. *Zwischen Gott und Mensch: Huldrych Zwinglis theologischer Denkweg im De vera et falsa religione commentarius (1525), Beiträge zur historischen Theologie Bd. 108.* Tübingen: Mohr Siebeck, 1999.

Schilling, H., *Martin Luther: Rebell in einer Zeit des Umbruchs,* 4. Auflage, München: C.H.Beck, 2017.

Schmidt-Lauber, H.-Ch., *Handbuch der Liturgik: Liturgiewissenschaft in Theologie und Praxis der Kirche,* 3. Auflage, Göttingen: Vandenhoeck & Ruprecht, 2003.

Scholz G. *'Habe ich nicht genug Tumult ausgelöst?' Martin Luther in Selbstzeugnissen.* München: C. H. Beck, 2016.

Schubert H. v. *Bündnis und Bekenntnis 1529~1530.* Leipzig: Heinsius, 1908.

Siegert F. *Israel als Gegenüber: Vom Alten Orient bis in die Gegenwart. Studien zur Geschichte eines wechselvollen Zusammenlebens.* Göttingen: Vandenhoeck & Ruprecht, 2000.

Slenczka N. *Theologie der reformatorischen Bekenntnisschriften: Einheit und Anspruch.* Leipzig: Evangelische Verlagsanstalt, 2020.

Spehr Chr. *Luther und das Konzil: Zur Entwicklung eines zentralen Themas in der Reformation, Beiträge zur historischen Theologie Bd. 153.* Tübingen: Mohr Siebeck, 2010.

Stollberg-Rilinger B. *Des Kaisers alte Kleider. Verfassungsgeschichte und Symbolsprache des Alten Reiches.* München: C.H. Beck, 2008.

Strupperich R. *Zur auswärtigen Wirksamkeit 1528~1533, in: Bucer M. Deutsche Schriften Bd. 4.* Paris: Presses Universitaires de France, 1975.

Vivelo F. R. *Handbuch der Kulturanthropologie. Eine grundlegende Einführung.* Stuttgart: Klett-Cotta, 1981.

Wenz G. *Einführung in die evangelische Sakramentenlehre.* Darmstadt: Wissenschaftliche Buchgesellschaft, 1988.

4. 논문 및 정기 간행물

김선영. 『한국기독교신학논총(vol. 98)』, 「신성로마제국 선제후령 작센의 프리드리히 현공에게 마르틴 루터의 의미」. 2015, 57-90.

양승아. 『장신논단(Vol. 50)』 no. 5, 「마르틴 루터(Martin Luther)의 성찬 개혁」. 2018, 223-245.

홍지훈. 『한국목회사학회지』 제13편, 「초기 비텐베르크 종교개혁에서 신앙 약자 보호 문제에 대한 루터와 칼슈타트의 논쟁」. 2003, 351-382.

Becker J. *Epigraphische Miseellen, Zeitschrift für die Alterthumswissenschaft, vol. 9, no. 7.2.* Kassel: 1851, 19-134.

Lies L. *REALPRÄSENZ BEI LUTHER UND DEN LUTHERANERN HEUTE: Eine Übersicht anhand neuerer Veröffentlichungen Schluß in ZKTh 119, no. 2.* Wien: 1997, 181-219.

Wolfgang Reinhard. *Die kirchenpolitischen Vorstellungen Kaiser Karls V., ihre Grundlagen und ihr Wandel, hier referiert nach: Helmut Neuhaus: Der Augsburger Reichstag 1530: Ein Forschungsbericht. In: Zeitschrift für Historische Forschung 9.* Berlin: 1982, 167-211.